本书为安徽师范大学本科出版资助教材

# 非虚构写作简明教程

朱晓凯◎编著

安徽师范大学出版社
ANHUI NORMAL UNIVERSITY PRESS
·芜湖·

**图书在版编目(CIP)数据**

非虚构写作简明教程 / 朱晓凯编著 . —芜湖:安徽师范大学出版社,2022.1(2022.9重印)
ISBN 978-7-5676-4846-3

Ⅰ. ①非… Ⅱ. ①朱… Ⅲ. ①新闻写作 – 教材 Ⅳ. ①G212.2

中国版本图书馆CIP数据核字(2022)第020610号

**非虚构写作简明教程** 朱晓凯 ◎ 编著

责任编辑:王 贤 责任校对:吴 琼
装帧设计:王晴晴 冯君君 责任印制:桑国磊
出版发行:安徽师范大学出版社
芜湖市北京东路1号安徽师范大学赭山校区
网 址:http://www.ahnupress.com/
发 行 部:0553-3883578 5910327 5910310(传真)
印 刷:江苏凤凰数码印务有限公司
版 次:2022年1月第1版
印 次:2022年9月第2次印刷
规 格:700 mm × 1000 mm 1/16
印 张:13.75
字 数:168千字
书 号:ISBN 978-7-5676-4846-3
定 价:69.00元

# 前　言

从20世纪50年代开始，世界范围内的非虚构写作便一直热度不减。随着互联网时代的到来，非虚构写作更是成了一门显学，不仅在新闻学、文学、历史学、社会学和心理学等领域涌现出了一大批从事非虚构写作的写作者，推出了为数众多、震撼人心的优秀非虚构作品，而且非虚构写作平台也正逐渐由过去以报刊、书籍为主转变为以新媒体为主。在互联网商业逻辑下，非虚构作品的“变现”途径也在不断拓宽。可以说，非虚构写作俨然已成为目前最重要、最热门的新闻写作形态之一了。

当今中国正处于政治、经济、文化、科技等高速发展和社会深刻变革的时期，堪称一座新闻故事的“富矿”，乡土中国、城市百态、历史记忆、自然生态、社会热点和个人生活等无不对热衷于非虚构写作的写作者们产生巨大的吸引力。生活在这样一个丰富多彩的社会里，每个人都在亲身见证多元而伟大的历史，这无疑为非虚构写作提供了取之不竭的素材。

将非虚构写作引入高校课堂，这是在“讲好中国故事”的大背景下，新闻写作形势发展的必然要求，也是高校进行新闻写作课程教学改革的题中应有之义。加强非虚构写作训练，既能够锻炼学生的新闻思维，提高他们的新闻写作水平，也能够增强他们分析问题与解决问题的能力，提升他们的审美感知力与艺术创造力，同时还能够推动学生在深度采访的基础上，增强与社会的联系，培养他们的家国情怀。

目前有关非虚构写作的书籍已出版很多，不过这些书籍面对的读者群体基本上还是社会上一些非虚构写作爱好者，而立足高校课堂，以指导大学生从事非虚构写作的书籍则数量较少。本书是编者在给新闻传播学专业本科生及硕士研究生授课讲义的基础上进行编写的，为了让学生能在较短时间内理解非虚构写作的基本理论，并快速掌握相关的写作技法，因此编者在编写时并不拘泥于枯燥的理论，也不追求面面俱到，而是力求简明扼要、晓畅通达，同时辅以大量优秀非虚构写作范例供学习参考，以使学生能够更加直观地感受到非虚构写作的迷人魅力，从而能在借鉴的同时强化自己新闻写作的实操能力。

希望本书的出版能够助推非虚构写作更广泛地走进高校课堂，并能为全面提升学生新闻采写的核心竞争力起到抛砖引玉的作用。

# 目　录

第一讲

# 非虚构写作释义及发展史

> “新闻学”和“文学”——在“主观”和“客观”报道之间的争议——对这一代的影响并不太大……没有宣言，没有公开辩论，就是这样做了。
>
> ——罗伯特·博因顿①

## 一、非虚构写作释义

非虚构写作（non-fiction writing）是一个介于“新闻”与“文学”之间的交叉文体，它还有许多别名，如“新新闻主义”“叙事新闻”“文学新闻”“长新闻”“非虚构创意写作”和“特稿写作”等。

非虚构写作强调田野调查、新闻真实、文献价值与跨文体呈现，着重于将原本单调枯燥的“新闻信息”，加工成具有可读性的、能够吸引读者阅读的“文学作品”。

---

① 罗伯特·博因顿著，刘蒙之译：《新新新闻主义：美国顶尖非虚构作家写作技巧访谈录》，北京师范大学出版社2018年版，第15页。

一般来说，非虚构作品的取材都较为严肃、深刻，但创作风格与叙事技巧却丰富多彩、灵活多变。它不仅要能生动地讲述震撼人心的故事，而且更要能巧妙地传递作者的价值取向与思想观念，因此非虚构写作常常带有写作者比较浓郁的个人风格和特色。

非虚构写作不是一个严谨、科学的概念。迄今为止，国内外对于非虚构写作仍未形成清晰的共识，因此其边界也就显得极为宽泛，所涉及的写作类型大致包括特稿、深度调查报道、报告文学、纪实文学、传记文学、历史小说、口述实录和纪实性影视作品等。

作家梁鸿历时两年，走访了10余个省市的340余人，潜入社会底层进行深入采访挖掘，于2013年出版了非虚构作品《出梁庄记——当代中国的细节与观察》。

《出梁庄记——当代中国的细节与观察》真实记录了河南省穰县梁庄的打工者进入到了中国的哪些城市，做着什么样的工作，他们是如何流转的，他们在以什么样的方式与城市相处，他们是怎样思考梁庄的，他们是否想回到梁庄，他们是怎样思考所在城市的，他们在怎样思考着自己未来的生活，他们的历史形象和他们的身份究竟又是如何被规定、被约束并最终被形塑的。

梁鸿说："我并不想止于'揭露疮疤'的层面。我从来不认为《出梁庄记——当代中国的细节与观察》仅仅是写'打工者'生活的。我更关注的是梁庄生命的源头，不只是未来，还有历史及这一历史对他们现实生活的影响。我关注梁庄的进城农民与梁庄的关系，他们的身份、尊严和价值感的来源。所以，不只是鼓与呼，也是希望写出一种生命状态。"①

① 朱自奋著:《〈出梁庄记〉作者梁鸿:揭露底层生活不是目的》,腾讯文化,https://cul.qq.com/a/20130925/012672.htm.

> 非虚构写作让人着迷的地方，正是因为它不能编故事。看起来这比虚构写作缺少更多的创作自由和创造性，但它逼着作者不得不卖力地发掘事实，搜集信息，非虚构写作的创造性正蕴含在此间。
>
> ——何伟①

突然空旷了。

像深秋来临，寒意突然侵袭你的身体，你张开眼来，发现落叶卷地，太阳虚浮，万物在离你远去。你站在风中，不再感受到凉爽和流动，你看着花朵，不再体验到鲜艳和芬芳。一切都远了。流动和芬芳，都漂浮在空间之中，离你很远很远。

就这样，走着走着，你前面的人少了。走着走着，你前面没有人了。父亲去了。和父亲差不多年龄的村庄老人，也一个个走了。

——梁鸿：《出梁庄记——当代中国的细节与观察》②

## 二、非虚构写作特点

### （一）内容真实

这是非虚构写作的首要特点和基本标准。

“非虚构”是与“虚构”相对的，它代表的就是“真实”。写作者需要提前做好充足的案头工作，进行扎实的实地采访，才有可能抵达“真实”。

① 转引自南香红、张宇欣、许晓著：《何伟：非虚构写作让人着迷的地方，正是因为它不能编故事》，搜狐网，https://www.sohu.com/a/194399290_817062.

② 梁鸿著：《出梁庄记——当代中国的细节与观察》，台海出版社2016年版，第1页。

> 非虚构写作对抗新闻衰老的策略，不是文学，而是新闻。他们抓住那些值得关注的人和事，为时代存档。有些新闻不及时捕获，就可能永远消失在公共视野里，失忆于集体记忆。
>
> ——张涛甫[①]

1981年，美国《华盛顿邮报》记者珍妮特·库克以一篇非虚构作品《吉米的世界》获得普利策奖。

《吉米的世界》讲述了8岁黑人男孩吉米的故事。库克称：该报道是她通过采访吉米本人、他母亲以及母亲的男友写成的。但《华盛顿邮报》在后来的调查中却发现，这篇新闻完全是无中生有的编造。最终库克不得不承认，她并未采访过其中任何一个人，而只是根据华盛顿社会工作者和其他来源提供的材料，编造了这篇报道。事发后，《华盛顿邮报》退回了奖状，开除了库克，并向读者公开道歉，但报社声誉也因此大跌。

此后，美国新闻评议会展开了对“新新闻主义”负面影响的思考，并为此事专门出版了一本评论专辑《吉米世界之后谈严整编务》。该书序言写道：20年来，新闻实务因新新闻带来若干改变……譬如写作凭个人感觉、社会偏见、想象力和使用小说技巧，其中包括广泛使用不具名，甚至根本不存在的消息来源，因此必须重申加强编辑的控制，全面核查记者的报道并普遍认识新新闻的缺点。[②]“新新闻主义”一时间陷入低谷，但其遗留下来的写作风

① 转引自澎湃新闻精选：《为时代存档的〈澎湃人物志〉：非虚构写作的探索与突破》，搜狐网，https://www.sohu.com/a/245513117_617374。

② 参见廖声武著：《新新闻主义评析》，《湖北大学学报》（哲学社会科学版），2003年第2期。

> 真相往往就在于毫末之间，把一杯水从桌上端到嘴边并不吃力，把它准确地移动一毫米却要花更长时间和更多气力，精确是一件笨重的事。
>
> ——柴静[①]

格却渗透进了随之兴起的特稿等非虚构写作之中。

从本质上看，因库克事件而一度遭到弃用的其实并不是“新新闻主义”这个名词，也不是“新新闻主义”所倡导的文学性的写作手法，而是对新闻真实性的违背。

### （二）文学表达

借助叙事和修辞手法，重视通过对话、场景、细节和心理描写，来增强作品的可体验性与可阅读性。

> 午饭后，演出在学校的院子里进行。村长和会计从办公室搬出一张桌子、两张长条椅，盲人们把乐器一件件地摆上桌。学校老师放了孩子们的学，慢慢村民们汇集而来。
>
> “打镗——”药成江高叫一声，“咣”的一声铜锣敲响。张林庆的残臂上挂着锣，药成江把鼓挂在脖子上，陈玉文一手挂镲拍向桌子上的另一只镲，一手持鼓槌将一只鼓敲响。
>
> 如天上滚过的一阵暴雷，整个屋子震得发抖。“再打一遍镗——”这是向全体村民发出的召唤令——演出开始了。
>
> ——南香红：《盲艺人的乐与路》[②]

① 柴静著:《看见》,广西师范大学出版社2013年版,第247页。

② 南香红著:《盲艺人的乐与路》,《南方周末》,2003年11月27日。

> 出色的文字是传播的利器。
>
> ——张捷[①]

1989年2月，正待解冻的密云笼罩未名湖。海子的挚友、北大诗人“三剑客”之一的骆一禾写下了两句诗：

这一场春天的雷暴

不会将我们轻轻放过

诗句准确地预言了那一年的轨迹。

一个月后，海子在山海关卧轨身亡，像是平地传来一声惊雷。再过两月，为处理海子身后事心力交瘁的骆一禾本人，在广场上忽然脑出血倒地，18天后不治身亡。这仅仅是雷暴季节的序幕。当秋天雷声停歇，庄稼被收割，一个时代已经灯火阑珊。其中逝去的，既有诗人海子年轻的面容，更重叠着整整一代人悲欢交集的面貌。

诗人自此不再是时代广场上的主角，昨天拥有魔力的缪斯诸神，像是一夜之间退位了。但海子却像他自己预言的那样，在野蛮的悲伤之后复活了过来。他复活得就像一朵春天无需穿戴的野花。

——袁凌：《海子：死于一场春天的雷暴》[②]

### （三）注重叙事

非虚构写作强调避免概念泛化，主张强化故事的文本特征，重视第一人称叙述、人物和对话的发展、冲突和张力的设置以及

① 杨瑞春、张捷编：《南方周末特稿手册》，南方日报出版社2012年版，第290页。

② 袁凌著：《海子：死于一场春天的雷暴》，《博客天下》，2014年第156期。

场景的重建等。

小孙不看我，看远处，白杨树环绕的村子，风吹的时候绿的叶子陡然翻过来，银白刺亮的一大片。

我家在山西，到处都是这样的土崖，我早年爬惯了，常常一个人爬过结冰的悬崖，从那儿够下头去看早春的杏花。

我问他：“你常坐在这儿？”

他点点头。

“因为这里别人看不见你？”

“是。”这是他这些天对大人说的第一个字。

我看到他胳膊上的伤痕：“用什么刻的？”

“刀刀。”

他头扎进膝盖里，我蹲在他面前，握住他黝黑的细胳膊，他的皮肤晒得发白，把浮土抚掉，能看到三道淡红色的伤疤。

我想再往下问，小孙忽然站起身，一言不发地走下山坡。

——柴静：《看见》①

### （四）饱和采访

非虚构写作要求写作者必须进行扎实和详尽的采访。

1.浸入式采访

即完全“浸入”事实和现象之中。在排除受访者心理戒备的前提下，让他们将真相全盘托出，然后再通过信息收集和求证，最终获取事实的全貌。

浸入式采访要求写作者成为“第一人称”的参与者，即跟随当事人共同体验甚至共同生活，从而深入事件的中心。许多非虚

① 柴静著：《看见》，广西师范大学出版社2013年版，第56页。

> 你至少要认识一个人四到六个月之久，才能真正从他那里获得真相。
>
> ——莱昂·丹斯[①]

构作品都通过作者叙事来强化“现场感”，使读者获得最直接的心理体验。

美国《洛杉矶时报》记者索尼娅·纳扎里奥采访由墨西哥偷渡到美国来找妈妈的男孩恩里克时，不仅对恩里克追踪采访了两周，等他第八次偷渡成功后，又多次采访他们母子，而且还与摄影记者一起，追随恩里克的足迹，沿着洪都拉斯、危地马拉国境和墨西哥13个省份长途行走，行程达2560公里。他们像恩里克那样搭乘长途汽车、货车、油罐车、卡车，躲避沿途的检查站、警察和专门袭击偷渡客的匪帮。纳扎里奥总共记下了100本笔记，录下了几百小时采访录音和超过100个电话采访的材料，最终写成了3万多字的非虚构作品《恩里克的旅程》。作品发表后引起强烈反响，并荣获2003年普利策特稿奖。

《恩里克的旅程》共有3万多英文单词，在《洛杉矶时报》分6次连载。该作品的奇特之处在于：3万多字中有将近四分之一是“注解”，达197条、7000多字。它们所要“解释”的是对作品中所有细节的考证，从引用的人物对话到罗列的统计数字，巨细靡遗。比如恩里克童年时和亲人在洪都拉斯的生活情形，以及母亲的出走；来自恩里克及其母亲、两个姨妈、外祖母和母亲表妹的访谈；

① 转引自罗伯特·博因顿著，刘蒙之译：《新新新闻主义：美国顶尖非虚构作家写作技巧访谈录》，北京师范大学出版社2018年版，第54页。

母亲离家后恩里克的反应等。这些“注解”的作用，在于堵住任何企图怀疑报道细节失真者们的嘴。

2.田野调查

这是20世纪初由英国社会人类学家马林诺夫斯基等创立的一种人类学研究方法，它强调研究者借助观察和访问，来分析日常生活层面人们的行为、态度和彼此之间的关系。目前，田野调查在非虚构写作中已得到极为广泛的运用。

我已经作好了各种思想准备，甚至准备好了要屏住呼吸，但仍无论如何也想不到在繁华现代的北京城，居然还有这样落后的厕所，地面上只有一个浅浅的坑，坑里的粪便快溢出来了，没有下水道，坑外一摊摊说不清是什么东西，四周是一个到处透风的简易房。樊班长和他的背班每星期必须来清扫一次，否则那院里十几户人家几十口人简直没法过日子。那天，我走了五六个院子。樊告诉我，这条街上，差不多有十几个院子都是这样的厕所。

——王伟群：《北京最后的粪桶》[①]

我和阮居士距离远远的，这是偷懒秘籍，不能和勤劳的人靠太近。尽管如此，她和旁人的聊天还是一句句飘进我耳朵。什么抱怨别人宁愿去大殿组也不在她这组干，什么谁谁福报很大。她们还一次次谈到好吃的。阮居士深情地回忆：“师父曾经闭关，出关那天，某某居士的儿媳妇给师父炒了一百零八个

① 王伟群著:《北京最后的粪桶》,载于丁柏铨、胡素华编著:《通讯范文评析》,新华出版社2001年版,第108—109页。

菜，有炒有炖有煮，一百零八个菜倒在一起，给师父吃。”

——许晓：《大悲寺挂单记》[①]

认识得久了，我总有意帮她多卖出点东西，于是定好了布和样子，请她缝些沙包。

“哎呀，我看不太清，缝不了啊。”刘芳拿着图样说。

我问：“以前那些沙包呢？”

刘芳说，“有我以前做的一些，还有是老邻居做的。”她想了想，补充道，“你都给我吧，我让她给你做出来。”

借着店铺商家的灯光，刘芳仔细看着东西，和我说好了什么时候来取。

三天之后，在十字路口的台阶，刘芳见我来了，把放在身旁的布包打开，从里面取出一个绿色的塑料袋。

“你看看啊，是不是？”她嘴巴张着，问。

——钟穗慧：《一百岁，我只晒得起太阳》[②]

### （五）题材多元

非虚构写作题材多元，它既关注宏大叙事，也聚焦那些时常被忽略的人物和事件。

近年来，非虚构写作所涉及的题材已越来越广泛，有关国内外政治、经济、文化、社会、历史、地理和自然科学等不同领域议题的非虚构作品层出不穷。

① 许晓著：《大悲寺挂单记》，《人物》，2013年第9期。

② 钟穗慧著：《一百岁，我只晒得起太阳》，人间 theLivings，https://www.163.com/renjian/article/BKMRA4T8000153N3.html.

1.关注普通人物

在赵青过去的记忆中，味芳是和蔼、典雅的大家闺秀模样，天性烂漫，常跟树锋互相打趣、发嗲。等到她拍摄时，味芳已患中度阿尔茨海默症。她总以为赵青是客人，每次都热情地以礼相待，倒杯开水并带着参观屋子，打开柜门，展示包、手表、缝纫机等物件。

她逢人就说自己曾是上海市卢湾区教育学院院长，管区里所有学校——她如数家珍般列出。那是疾病导致的行为，在赵青看来，也说明那段辉煌的工作经历让她引以为傲。

味芳现在的病情比纪录片中严重许多，智力相当于零岁孩子。她经常闯祸，把牙刷当梳子或者把梳子当牙刷，好几副假牙不知所终。最大的障碍是进食，她丧失了吞咽能力。从一年前开始，味芳的每顿饭都需要用粉碎机打成半流体。

她没那么黏树锋了，有时树锋半天不在她也不找，就坐在那儿。树锋既失落，又有些轻松。

——双桨：《空巢与失智老人的爱与尊严》[①]

2.关注历史题材

一列军用列车停在釜山火车站。

站台上戒备森严，远处是李承晚军队站岗，第二道岗是美国士兵，最里面的是戴着白色钢盔的美军宪兵。

釜山是朝鲜半岛最南端的海港城市，这里有朝鲜南部最大的港口，具有重要的战略地位。第二次世界大战后，美军就是在釜山港登陆的。曾经李承晚政权机构也搬到了这里。

一个个战俘被从车厢里赶出来，他们被强令5个人站成一

① 双桨著:《空巢与失智老人的爱与尊严》,《南方人物周刊》,2018年第8期。

行，在两排寒光闪闪的刺刀中间，一支特殊的队伍出发了——

——大鹰：《志愿军战俘纪事》[①]

3.关注人文地理

沈家大院，坐落在文庙社区小西庄南端46号。仅看不甚高大的正门，你不会想到这是一间占地上千平方米的“大院”，因为子孙的分居变卖，政府介入分房，一间“大院”，才逐渐沦落为一纵两进院的老屋。

跨进有些颓败的大门，在或明或暗的走道中拐了几个弯后，就到了前厅。格扇门的格心不是简单的直棂条，而是富有装饰意味的几何方格，配有寿字纹棱花，裙板上也浮雕有瑞兽，贴有金箔，中绦环板上是文房四宝。

一进入天井，屋里传出《神医喜来乐》的主题曲，探头往屋里一看，看电视的沈大爷躺得很深，以至于门外喊他没有反应，进到他的面前，才反应过来。我需要用超过电视的音量，才可以与他交谈，而一谈起这老屋，他脸上显现出抑制不住的自豪，也有不经意显露的感叹：“当年这间院大得很！”

原来这个沈家是明朝“江南第一富豪”沈万三的后人，流落到云南后，在个旧开锡矿发家致富，买下了这座大宅子。

——李正弈棋、庾慧景、李耀武：《乡愁的栖息地，云南建水古民居》[②]

① 大鹰著.《志愿军战俘纪事》，解放军文艺出版社1997年版，第25页。

② 李正弈棋、庾慧景、李耀武著：《乡愁的栖息地，云南建水古民居》，中国三明治，https://www.sohu.com/a/196342587_99895237.

## 三、西方非虚构写作发展史

非虚构写作发端于美国。

### （一）19世纪30年代

伴随着欧洲新移民的不断涌入，以及废奴运动、早期女性主义运动和西进运动的蓬勃开展，美国开始进入平民主义和大众化报刊时代，以意识形态论战为主导的政党报刊逐渐衰落，取而代之的是那些走煽情路线、大做刺激性话题文章以博取读者眼球的商业性报刊。

相较于简单传递信息和观点的"硬新闻"，那些以"讲故事"为主、充满人情味的所谓"软新闻"开始大量出现在报端，并越来越受到读者的欢迎。

### （二）19世纪80年代

美国两大报业巨头威廉·赫斯特与约瑟夫·普利策展开了激烈的市场竞争。当时普利策的《世界报》以严肃报道和评论，并结合煽情主义的策略，取得了巨大成功。赫斯特的《纽约新闻报》为了能在报业市场迅速取得优势，则将便士报时代的煽情主义传统发挥到了极致。为在竞争中击败对手，双方大肆策划刺激性报道，从而导致"黄色新闻"泛滥。

尽管人们对"黄色新闻"的伦理评判始终都没有停止过，但它对20世纪世界新闻业所产生的深远影响却是毋庸置疑的，特别是其报道手法发展了现代新闻报道重视所谓"刺激性""趣味性"和"教育性"的故事模式，因而拓宽了新闻写作方式，使得新闻写作开始变得越来越多样化了。

### （三）20世纪初期

美国新闻界掀起了一场旨在改革政府和社会体制的运动，史称“扒粪运动”。仅在1903年至1912年的10年里，美国媒体就发表了2000多篇揭露腐败丑闻的文章。1906年后，随着“扒粪运动”一些旗帜性刊物先后被保守的企业集团所购买，这场运动也逐渐走向消亡。

“扒粪运动”推动了美国社会公民意识的觉醒，让舆论监督的观念深入人心，并最终造就了现代新闻业意义上的“调查新闻”。

### （四）20世纪10年代

第一次世界大战期间，为在情感、经济和军事等各方面进行战争动员，美国政府需要控制和利用媒体，制造有利于民众支持战争、拥护国家的舆论。为此，美国政府设立了宣传委员会，用来发布有关战争的实况，鼓动国民参战。

这段时间，美国新闻业对那些来自政府的“权威信息源”逐渐产生路径依赖，他们因笃信所谓“事实性”和“客观性”，而对政府和大财团发布的信息原样照搬，拒绝将自己的观念和解读加入文本之中，从而使得新闻业备受诟病。

### （五）20世纪20—30年代

1929年美国遭遇严重的经济危机，给众多美国人的切身利益造成了巨大威胁和冲击，突如其来的巨变让人们惶恐不安，内心充满疑惑，他们普遍希望能了解这场危机究竟是因何发生、如何发生的，然而一般性的新闻报道已无法满足读者的这一需求了。

为此，美国新闻业开始尝试让文本发挥更大作用，众多记者试图通过新闻报道来解释各种独立事件之间的因果关系，并代替读者去探求真相，解释性报道和调查性报道因此大行其道。

### （六）20世纪60年代

此时，经历了第二次世界大战的美国正处于战后调整阶段，国内黑人民权运动、女权运动频发，反对继续进行越南战争的呼声日渐高涨，“嬉皮士”“摇滚乐”“性解放”等诸多反传统概念不断出现。同时，随着电视的普及，人们了解世界又有了新的渠道。在此背景下，传统报纸的新闻报道方式已很难满足人们的需要，“新新闻主义”随之应运而生。

“新新闻主义”强调要用文学写作的手法，来满足读者希望看到“故事”的阅读欲望，从而打破了传统新闻界一向秉持的新闻写作应当客观、中立的理念。1962年，美国普利策奖设置“非虚构类作品奖”（亦称“非虚构小说奖”），开始对非虚构小说类作品进行评选。

约翰·霍洛韦尔在分析非虚构写作在美国产生的原因时指出：“（二十世纪）六十年代社会变化的激素和二次世界大战后占统治地位的某些小说形式的枯竭，给作家们创造了新的机会。一个最有趣的表现是杂交形式的产生。它混合了小说的技巧和新闻报道的细致观察。甚至，这些非虚构文学作品比过去二十年里的小说更成功地反映了国家的混乱和美国生活的大变动趋势。重要的是，小说家们放弃了下功夫去虚构情节和人物，转而直接面对社会现实。各种各样的小说化的社会历史著作被人们赋予各种名称：‘高级新闻学’‘新新闻报道’‘事实的文学’等等。然而，不管我们怎样称呼它们，这些叙事性的报告文学形式利用了非虚构文学作品不断增长着的声誉。它们反映了一个新趋势——倾向于纪实的形式，倾向于个人的坦白，倾向于调查和暴露公共问题。也许最重要的是，最好的作品已经不仅仅由新闻记者来写了，而是由小说家来写。他们暂时放弃了小说而去探索摆在我们面前的社会问题和道德困境。”①

### （七）20世纪70年代

自20世纪70年代起，始自“扒粪运动”的黑幕揭露报道的“变种”——调查性报道遍地开花，其中取得的最大成就是《华盛顿邮报》对“水门事件”的报道。

“水门事件”是美国历史上最不光彩的政治丑闻之一。

在1972年的美国总统大选中，为获取民主党内部竞选策略情报，6月17日，以共和党尼克松竞选班子首席安全问题顾问詹姆斯·麦科德为首的5人，潜入位于华盛顿水门大厦的民主党全国委员会办公室，在安装窃听器并偷拍有关文件时被当场逮捕。尼克松因为此事件于1974年8月8日宣布辞职，从而成为美国历史上首位因丑闻而辞职的总统。

“水门事件”是由《华盛顿邮报》两位年轻记者——卡尔·伯恩斯坦和鲍勃·伍德沃德首先发现并进行追踪报道的。由两人合著的《总统班底：两个小人物是如何改写美国历史的》一书，详细讲述了他们对此事件进行采访和调查的全过程。

① 约翰·霍洛韦尔著，仲大军译：《非虚构小说的写作》，春风文艺出版社1988年版，第12页。

沉默。

你知道，支票上有你的名字……

沉默。

我们正在写一篇有关的新闻报道，你是否有话要说……

对方终于打断了他的话。“我不知道究竟发生了什么事。我一点也不知道……我把我所有的钱都交给了委员会。”

争取尼克松连任选举委员会？

“是的。”

联邦调查局问过你没有，你的支票怎么最终会在巴克的银行账户上？

“我是一个循规蹈矩的人，我做的事都是规规矩矩的。”达尔伯格的声音冷冰冰的。然后他似乎放松了片刻，请求伍德沃德原谅。“我刚经历了一场可怕的折磨，”他解释说，“我最好的朋友和邻居弗吉尼亚·派珀已经被绑架了两天了。”

伍德沃德又问了一遍支票的情况。

达尔伯格承认支票是他的，但拒绝加以讨论，接着就挂断了电话。几分钟之后，他又把电话打了回来。他说，他犹犹豫豫不回答问题是因为他不敢肯定伍德沃德真的是《华盛顿邮报》的记者。他等在那儿，似乎是在请对方提问。

——卡尔·伯恩斯坦、鲍勃·伍德沃德：《总统班底：两个小人物是如何改写美国历史的》[①]

1978年，《巴尔的摩太阳晚报》记者乔恩·富兰克林撰写的《惊心动魄的脑科手术》，获得首届“普利策特稿奖”。

① 卡尔·伯恩斯坦、鲍勃·伍德沃德著，杨恒达译：《总统班底：两个小人物是如何改写美国历史的》，中国工人出版社2001年版，第38—39页。

这篇文章报道了一次失败的神经科手术。

一件看似在普通医院里几乎每天都有可能发生的事情，却被写作者赋予了极高的新闻价值。整篇文章语言短促有力，自始至终都被一种紧张的气氛所笼罩。作者不放过手术中的任何一个细节，并让这些细节呈现出独有的张力，读后令人印象深刻。

出现在他们面前的是妖怪。

从显微镜中看，妖怪离这儿很远，在后脑上部。达克尔医生得过些日子再直接与妖怪交锋。不是现在，也不是在这儿。

但是情况很明显，这些在X光片上没有显示出来却存在于凯利夫人头脑中的乱糟糟的静脉血管，正是妖怪的触须。

小仪器小心翼翼地想绕过他们。

怦，怦，怦……怦……怦……怦……怦……

“心跳减慢，”麻醉师煞是惊慌，发出警告。

像手指头碰到火焰一样，小仪器缩了回去。

怦……怦……怦，怦，怦。

“恢复正常，”麻醉师说。

这些血管控制脑干——指示灯——的供血量。

达克尔医生换了一个方向，试图绕过他们。

怦，怦，怦，怦……怦……

又缩了回去。

萨克曼医生站在电视监视器前，双手抱在胸前，眉头紧蹙。“她受不了这样的折腾，”麻醉师说，“会发生心律不齐并将导致……心力衰竭。”

达克尔医生又换个方向，避开这个地方继续探进去，稍拔一下再退回来。终于在长而悸动着的脑组织通道的尽头，出现苦苦寻找的肿瘤。

怦，怦，怦，怦……怦……怦……

仪器退回。

"糟糕，"这位神经外科主治医生说，"我快顶不住了，只能再坚持几分钟。"

时针指向12时29分。

——乔恩·富兰克林：《惊心动魄的脑科手术》①

1985年，普利策新闻奖设立"调查性新闻奖"。此后非虚构写作迎来高速发展时期，并持续引发学界和业界的广泛关注。

## 四、西方非虚构写作代表人物及主要作品

### （一）温斯顿·丘吉尔和《第二次世界大战回忆录》

1.温斯顿·丘吉尔（1874—1965）

英国政治家、历史学家、画家、作家、记者。1940年至1945年、1951年至1955年两度出任英国首相，被认为是20世纪世界最重要的政治领袖之一。代表作有《第二次世界大战回忆录》《英语民族史》等。1953年，其作品《不需要的战争》获得诺贝尔文学奖，获奖理由是："由于他在描述历史与传记方面的造诣，同时由于他那捍卫崇高的人的价值的光辉演说。"②

① 乔恩·富兰克林著：《惊心动魄的脑科手术》，《巴尔的摩太阳晚报》，1978年12月12日。

②《诺贝尔文学奖意外：丘吉尔曾获奖 村上春树成"遗珠"》，央广网，https://www.sohu.com/a/196352056_362042.

2.《第二次世界大战回忆录》

“二战”结束后，温斯顿·丘吉尔花费6年时间，写下了360万字的旷世巨作——《第二次世界大战回忆录》。

该书记述的内容是从20世纪30年代初一直到“二战”结束后。书中收录了大量的政府文件、会议记录、来往函电、个人保存资料以及200多幅珍贵的历史图片，卷帙浩繁，气势磅礴，极具史料价值。

一九一八年十月，有个德国下士，在英军袭击科明附近地区时，因受芥子气侵害，一时双目失明。当他正在波美拉尼亚的医院住院的时候，德国各地在战败之余，革命四起。他是奥地利海关一个低级税吏的儿子，在青年时，曾梦想成为一个伟大的艺术家，但他没有能够进入维也纳的艺术学院，而在维也纳过着贫苦的生活，心里却隐藏着极度的愤懑和怨恨，认为世界屈了他的才，使他不能有所成就。他所遭遇的不幸，并没有使他加入共产主义的行列，他却体面地走了相反的道路，并反而更抱着一种反常的种族忠诚观念和一种对德国及日耳曼民族的狂热而不可思议的崇拜。当战争爆发的时候，他立即怀着满腔热情去参军，在西线一个巴伐利亚团中服役了四年。这就是阿道夫·希特勒的早年命运。

——温斯顿·丘吉尔：《第二次世界大战回忆录》①

## （二）杜鲁门·卡波特和《冷血》

1. 杜鲁门·卡波特（1924—1984）

美国作家，被公认为是非虚构写作的“鼻祖式”人物。代表

① 温斯顿·丘吉尔著，吴万沈译：《第二次世界大战回忆录》，南方出版社1974年版，第114—115页。

作有中篇小说《蒂凡尼的早餐》（1958年）和长篇非虚构作品《冷血》（1965年）等。

2.《冷血》

作品讲述了恶徒迪克和佩里于1959年在枪杀了堪萨斯州农场主克拉特一家四口后不断逃亡，警察经过严密搜索后，最终将两人逮捕的故事。

《冷血》是一部完全建立在真实血案基础上的非虚构作品，它的每一页都充满了恐怖和神秘。卡波特耗时6年，除掌握了翔实的信息以及对案件准确、周详的记录外，他还沿着两名罪犯的逃亡行踪进行了大量采访，行程从案发地到俄克拉荷马州、得克萨斯州、加利福尼亚州、内华达州、怀俄明州、内布拉斯加州、拉斯维加斯州和艾奥瓦州，一直到达墨西哥，最后返回到堪萨斯州，行程达1万多英里，耗资1万多美元，仅为此写下的笔记就多达6000页，所有资料填满了整整一间小房间。

《冷血》最大的价值在于创造了一种新文体，卡波特称其为“非虚构小说”，即根据真实案件进行文学写作，同时又吸收了新闻写作的诸多技巧。因此作品不仅向读者传递了案件真相，同时也让他们感受到了极其震撼的艺术效果。

《冷血》完成后，首先在《纽约客》杂志连载，并立即引起轰动。1965年出版单行本，在出版后的6个月内，其精装本便销售了60万册，成为当年美国的第一畅销书，并被译成20多种文字。该书奠定了卡波特在美国乃至世界文坛的地位。

卡波特首次将《冷血》称为“非虚构小说”，且这一名称一直沿用至今。由他开创的这一崭新文体，因为有真人真事报道的可信性，同时又具有文学作品的感染力，很快便被美国作家群起效仿，非虚构写作由此在美国风行。

他们买的第一件物品是一副橡胶手套，这是给佩里买的，他忘记了带自己的那副旧手套，而迪克带了。

他们向一个陈列着女用纺织品的柜台走去。在经过一番争论后，佩里说："我要买一双长筒袜。"

迪克不同意，"我的眼睛怎么办？这些袜子颜色都太浅，什么也遮不住。"

"小姐，"佩里的叫喊引起了一位女售货员的注意，"你们有黑色的长筒袜吗？"当售货员告诉他没有时，佩里建议他们另找一家商店，"黑色十分安全。"

但是迪克已经拿定了主意：任何颜色的长筒袜都不必要，都是累赘，这笔钱是白白浪费的（"我为这次行动花的钱已经够多的了"），而且毕竟他们遇到的任何人都不会活着成为目击证人。"绝不会有证人。"

——杜鲁门·卡波特：《冷血》①

### （三）汤姆·沃尔夫和《新新闻主义及选集》

1. 汤姆·沃尔夫（1931—2018）

美国记者、作家、编剧，被誉为"新新闻主义之父"。代表作有《糖果色橘片样流线型宝贝》《电冷却器酸性实验》《刺激酷爱迷幻考验》《着色的世界》《真材实料》《从包豪斯到我们的豪斯》《虚荣的篝火》和《新新闻主义及选集》等。

2. 主要作品

（1）《从包豪斯到我们的豪斯》

作品通过对近60年西方现代建筑的梳理和分析，引经据典，

① 杜鲁门·卡波特著，夏杪译：《冷血》，南海出版公司2010年版，第34页。

对于以“包豪斯”风格为代表的现代派建筑艺术的理论及成就进行了追根溯源式的点评。在机智幽默的笔触下，“包豪斯”的霸道和刻板被比喻为“殖民”“盒子”“密教”等，既形象又尖刻。作者所持观点中肯而不失偏颇，显示了深厚的审美素养以及对建筑文化的深刻洞察。

> 那么工人住宅究竟是什么形式呢？他从头到脚都是非资产阶级的：平屋顶，没有檐口；光光的墙，没有窗檐花或凸出的过梁；没有柱头或山花；没有颜色，只有集合体的深浅度，白色、沙石色、灰色和黑色；室内既没有藻井也没有花环；有的只是纯白的房间。剥去了、清除了、挤干了，取消了一切门窗套、檐线、线脚、壁柱，甚至桌面上的曲线台没及抽屉上的花饰。他们是开敞式平面，结束了旧式的、个人主义的、资产阶级的对于私密性的迷恋。
>
> ——汤姆·沃尔夫：《从包豪斯到我们的豪斯》①

（2）《新新闻主义及选集》

该书出版于1973年。沃尔夫在书中首次提出“新新闻主义”的概念，他也因此被公认为是“新新闻主义”的开山大师之一。

“新新闻主义”是20世纪60年代在美国新闻界涌现出的无数新名词中的一个，又称“异常新闻”“饱和报道”“偏袒性新闻报道”“参与式新闻报道”“地下新闻报道”“高等新闻主义”“文学新闻主义”“通俗社会学”“非虚构小说”“近小说”“事实的文学”和“非小说性虚构作品”等。沃尔夫认为，所谓“新新闻主义”，就是记者

① 汤姆·沃尔夫著，关肇邺译：《从包豪斯到我们的豪斯》，重庆大学出版社2013年版，第25页。

在进行报道时以真人真事为基础，采用小说的一些技巧，包括从传统的对话到现代主义意识流等小说的特有手法，对事件进行生动叙述和分析，“新新闻主义”就是新闻报道与小说技巧的一种结合。

“新新闻主义”虽然主张对事实进行真实描述，但与传统的新闻观念不同，“新新闻主义”所理解的“真实”不仅包括客观世界的真实，同时也涵盖人类心理活动的真实，认为只有把客观世界的真实和人们主观感受的真实结合起来，才能最大限度地反映事实的真实。正如有学者所指出的那样：“我们这个时代尽管是信息海量的涌现，但是……一方面我们对这个世界所知太多，但另一方面实际我们又对这个世界所知甚少，乃至一无所知。在这种情况下，我们有一种苛求，我们苛求知道在这个海量信息就要淹没我们的世界上，什么是真的？什么是假的？同时我们也希望我们对世界的理解，不仅仅是片段的，零散的，而是深入的，具体的。我们能够在一个真实的水平上，深入具体地认识这个世界的丰富性和人的丰富性”。①

在沃尔夫看来，“新新闻主义”的主要特点如下：

一是着眼于场景描写，通过对一个个场景的细致描写来展开故事。

二是详尽记录对话，以便能更加生动地刻画人物。

三是大多采用第三人称视角，而不是传统新闻报道经常采用的第一人称视角，从而便于走进人物内心，与人物共同感受事件。

四是描写细节，烘托气氛。

五是通过内心独白，直接描写人物的思想感受。

六是塑造人物，把人物的性格和逸事融入报道之中。

① 卢小狼著：《非虚构写作大奖颁奖的非虚构现场》，《信息时报》，2013年8月25日。

> 她（编者注：指阿列克谢耶维奇）采访了成千上万个孩子、妇女、男人，通过这种方式，她为我们呈现了我们不太了解的历史故事……同时，她也给我们展现了情感的历史和心灵的历史。
>
> ——萨拉·丹尼尔斯①

### （四）斯维特拉娜·阿列克谢耶维奇和《切尔诺贝利的回忆：核灾难口述史》

1. 斯维特拉娜·阿列克谢耶维奇（1948— ）

白俄罗斯记者、作家。代表作有《战争的非女性面孔》《最后一个证人》《锌制男孩》《死亡的召唤》和《切尔诺贝利的回忆：核灾难口述史》等，2015年获诺贝尔文学奖。

2.《切尔诺贝利的回忆：核灾难口述史》

阿列克谢耶维奇记者出身，非常擅长采访工作。在撰写本书时，她用3年时间采访了切尔诺贝利核电站反应堆爆炸的大量幸存者，其中包括第一批到达灾难现场的救援人员妻子、摄影师、教师、医生、农夫、政府官员、历史学者、科学家、被迫撤离的人以及重新安置的人等。她将每个人的不同声音真实记录下来，最终成就了这部纪实文学史上的优秀作品。在写作时，阿列克谢耶维奇并非是严格按照历史文献来叙述历史，而主要是从个人经历、机密档案以及那些被人遗忘的资料中去进行深入挖掘。

由于阿列克谢耶维奇的许多获奖作品均为非虚构作品，而且这也是诺贝尔文学奖在时隔多年后再一次颁给以创作非虚构作品见长的作家，这使得非虚构写作在世界范围内再掀热潮，并且受

① 转引自《"她的复调书写是对我们时代的苦难与勇气的纪念"》，《东方早报》，2015年10月9日。

到新闻学界和业界的广泛关注。

> 人们带着鸡蛋和面包卷，以及任何他们能带去的东西前往墓地。每个人都坐在自己亲人的墓边。他们轻轻地呼唤自己的亲人："妹妹，我来看你了。你吃点东西吧。"或是说："妈妈，亲爱的妈妈。爸爸，已经去世的爸爸。"他们试图通过自己的呼唤，将远在天堂的亲人的灵魂呼唤下来。有些人的家人今年才刚刚去世，这些人往往会哭着呼唤亲人的名字，而那些亲人已经去世多年的人们则通常不会哭泣。他们会和去世的亲人聊天，回忆往事。所有的人都会祈祷，就连那些不知道该如何祈祷的人都加入了祈祷者的行列中。
>
> ——斯维特拉娜·阿列克谢耶维奇：《切尔诺贝利的回忆：核灾难口述史》①

## 五、中国非虚构写作发展史

### （一）20世纪80年代

"文革"结束后，中国社会发生巨大变动，新闻业开始走上了"长报道"的逻辑路径。这一时期"长报道"的代表作品有《大学毕业生成才追踪记》（张建伟）、《一个工程师出走的反思》（樊云芳、丁炳昌、张祖璜）、《红色的警告》（雷收麦、李伟中）、《命运备忘录》（张建伟、蒋峥、陆小娅等）、《关广梅现象》（庞廷福、杨浩、谢镇江）和《中国改革的历史方位》（罗荣兴、祝华新、曹

① 斯维特拉娜·阿列克谢耶维奇著，王甜甜译：《切尔诺贝利的回忆：核灾难口述史》，凤凰出版社2012年版，第46—47页。

焕荣）等。

1986年，全国好新闻评选设立了深度报道奖项。

1987年，随着中国改革开放向纵深推进，着眼于社会变革的宏观背景、具有历史感与思辨性的深度报道层出不穷，这一年也被新闻界称为“深度报道年”。

### （二）20世纪90年代

随着社会主义市场经济的快速发展，过去“一元化”的宣传模式和以评论为取向的新闻业，逐渐向“多元化”的新闻模式和以信息为取向的新闻业过渡。一些报刊在逐步抛弃原有报道范式的同时，开始引入国外的新闻写作理念。

1995年，《中国青年报》设立《冰点》专栏，这是国内最早进行尝试的特稿写作。1996年，《华西都市报》成立特稿部。此后全国各地报纸纷纷效仿，特稿写作一时蔚为大观。不过，这段时期的特稿往往聚焦于对新闻事件的深度挖掘，缺乏对于文学性和创造性的关注。

### （三）2000—2010年

2003年，《南方周末》相继推出《举重冠军之死》《悲情航班MU5210》等一大批优秀的特稿作品。2010年，《人民文学》推出非虚构写作栏目，并启动“‘人民大地’非虚构写作计划”。此后许多报纸纷纷开设深度报道版面，《新京报》《中国青年报》《经济观察报》《财经》和《南方人物周刊》等报纸杂志都不断推出优秀的特稿作品，特稿写作由此进入黄金时代。

与此同时，一些文学杂志也陆续推出与非虚构写作有关的栏目，如《中国作家》的“非虚构论坛”、《钟山》的“非虚构文本”、《厦门文学》的“非虚构空间”、《智族CQ》的“非虚构写作基金支持计划”和年度评奖等。

大众化刊物和媒体也陆续组织、刊发了一批优秀的非虚构作品，如《既贱且辱此一生》（韩石山）、《梁庄》和《中国在梁庄》（梁鸿）、《中国，少了一味药》（慕容雪村）、《盖楼记》和《拆楼记》（乔叶）、《女工记》（郑晓琼）以及《瞻对：两百年康巴传奇》（阿来）等。

此外，图书市场中非虚构写作书籍逐渐呈现热销势头，如《平如美棠·我俩的故事》（饶平如）、《看见》（柴静）、《巨流河》（齐邦媛）、《寻路中国》（何伟）和《江城》（何伟）等。

### （四）2010年至今

互联网的蓬勃发展，使读者阅读方式发生了巨大改变，这导致传统媒体日渐式微，不仅特稿数量大为减少，一大批优秀的特稿记者也纷纷离职或进行平台转移。目前，新媒体正逐渐成为非虚构写作的主要平台。例如，“真实故事计划”就是互联网众多非虚构写作平台之一，目前已成为国内优质原创内容一个重要的输出平台。该平台根据用户关注的专题和作者，实时推送最新的作品；同时它还为用户推荐热门的专题和创作者，并帮助用户发现最新的热门专题。任何人都能很方便地在平台上创作自己的作品，彼此间还可以进行网上交流。

第二讲

# 非虚构写作的故事性

> 我们的周遭充满了故事（stories）。从小时候的童话和神话故事，到青年时期所接触的短篇小说、历史和传记，都是由一则则的故事所组成的……也许“叙事”（narrative）正是人类了解这个世界，给予它一个意义的基础。
>
> ——大卫·波德维尔、克里斯汀·汤普森[1]

## 一、故事类型

所谓“故事”，就是通过叙述的方式，讲一个带有寓意的事件，或是陈述一件往事。

故事是人类对自身历史的一种记忆行为，人们通过讲故事的形式记忆和传播一定的文化传统和价值观念，进而引导社会性格的形成。

故事分为两类，一类是虚构出来的，一类是已经发生的。

① 大卫·波德维尔、克里斯汀·汤普森著，曾伟祯译：《电影艺术：形式与风格》，北京联合出版公司2015年版，第89页。

> 有了故事，就会产生国家、信仰、宗教，本来不存在的东西因为背后有一个合理的故事体系，它就被人们承认了。
>
> ——叶伟民[①]

## （一）虚构的故事

清代曹雪芹的《红楼梦》被誉为中国“古典四大名著”之一，作品虚构出贾、史、王、薛四大家族。它以四大家族的兴衰为背景，以贾宝玉与林黛玉、薛宝钗的爱情婚姻悲剧为主线，描绘了一批举止、见识均出须眉之上的闺阁佳人的人生百态，展现出人性之美与人生悲剧之美，是一部多角度呈现中国女性美以及古代社会世态百相的史诗性巨著。

> 虽我不学无文，又何妨用假语村言，敷演出来，亦可使闺阁昭传，复可破一时之闷，醒同人之目，不亦宜乎？故曰“贾雨村”云云。更于篇中间“梦”“幻”等字，却是此书本旨，兼寓提醒阅者之意。
>
> ——曹雪芹：《红楼梦》[②]

## （二）非虚构的故事

王旭烽的《家国书》借用“家书”的书写形式，以娓娓道来的口吻，真实讲述了宁波鄞州马、翁、沙、沈四大家族的百年动

① 转引自《如何让故事写出“大片”的震撼力？》，门徒，https://www.sohu.com/a/163689959_697221.

② 曹雪芹著：《红楼梦》（上），黄山书社2005年版，第1页。

> 几乎任何事都能让我感到激动，只要它具有一个好故事的要素。一个好故事最基本的是关于正在做着某种努力的人的，其中有张力、神秘或悬念。
>
> ——乔纳森·哈尔[1]

荡，生动展现了他们为中华民族伟大复兴的共同信念而奋斗、奉献乃至牺牲的光辉业绩，热情讴歌了他们的英雄气概和高尚情怀。作品以“家庭—家族—家国”之间的关系为主线，折射出一部民族的辉煌史诗。

> 2009年我写完长篇纪实文学《家国书》，那实在是完成了一次内心对于“家国”探究的历程。年少时，家国予我更多的只是一个历史与文学的名词，是南唐李后主“四十年来家国，三千里地山河”的诗意的惆怅。实则中国人的家国构建是由家开始的。家庭—家族—国家，这种“家国同构”的社会政治模式是儒家文化赖以存在的社会基础，古人修身、齐家、治国、平天下的个人理想，反映的正是家与国之间的这种同质关系。
>
> ——王旭烽：《最当下的中国》[2]

## 二、新闻故事化

新闻故事化指在新闻写作中运用文学手法，以跌宕起伏的故事来讲述新闻。它要求写作者采用对话、细节描写、场景设置等

① 转引自罗伯特·博因顿著，刘蒙之译：《新新新闻主义：美国顶尖非虚构作家写作技巧访谈录》，北京师范大学出版社2018年版，第92页。

② 王旭烽著：《最当下的中国》，《浙江日报》，2013年12月20日。

> 我们中的有些人，就像我自己，在不同的国家和地区之间穿梭，写着不同的人和事。还有一些人，停留在一个地方，专注于某一类故事。但是我们所有人都承担着一种责任，一种常常被我们忽略了的责任，这就是我们既是事实的提供者，更是故事的讲述者。
>
> ——威廉·E.布隆代尔①

手段，来细致入微地展现新闻，使新闻充满故事性、情节性，与受众形成感情互动，给受众以丰富的想象空间，从而增加新闻作品的可读性，提升传播效果。

新闻故事化的报道手法早已有之。

1922年7月6日，《申报》刊载了《溥仪胡适谈新学》一文，作者抓住富有趣味性的细节加以展示，构成了一个有场景、有人物、有动感的精彩画面，新闻故事化的写法使这篇新闻作品有声有色，读来妙趣横生。

> 溥仪日前在琉璃厂买书，偕行者庄士敦等。溥仪喜读胡适文集，并于翌日打电话约胡适入宫。胡适要求免跪拜，溥仪自接电话，谓君为新学泰斗，当然不能跪拜。胡适遂入谈甚久。溥欲延胡为师，胡允为友。
>
> ——《溥仪胡适谈新学》②

---

① 威廉·E.布隆代尔著，徐扬译：《〈华尔街日报〉是如何讲故事的》，华夏出版社2006年版，第3页。

②《溥仪胡适谈新学》，《申报》，1922年7月6日。

> 所有的故事都具备共同的特征，而这些特征都是按某个特定的原则组织起来的。
>
> ——乔恩 · 弗兰克林①

## 三、故事的叙事技巧

非虚构写作的前提是写作者必须首先要寻找到一个“好故事”，正如著名记者南香红所说的那样：“除了记者的采访写作能力之外，新闻事件是一个坯子，坯子的好坏对于新闻来讲有时候是决定性的，特稿尤其如此。如果一个新闻事件因与果之间的距离太短，各种元素之间的关系过于单纯，就算是再具有爆炸性或者吸引人的特性，它可能都不会成为一个好特稿的坯子。”②

### （一）视角

指叙述故事时观察和讲述的角度。

同样一个故事，如果从不同的视角叙述，就有可能呈现出不同的面貌，产生出不同的意义。

1. 作者叙事

故事由作者直接进行叙述。

这种叙事方式能使作者参与到故事的叙述之中，从而为读者展现最真实、最可靠的记录，并且还能在叙述过程中表达自己对于所叙述人物和事件的评价。

---

① 转引自杰史·哈特著，叶青、曾轶峰译：《故事技巧：叙事性非虚构文学写作指南》，中国人民大学出版社2012年版，第2页。

② 杨瑞春、张捷编：《南方周末特稿手册》，南方日报出版社2012年版，第101页。

码头上，街道里，小电喇叭的声音随时随地钻进耳朵。前半部声调又快又急，后半部是个高腔，往上扬，拖得很长，像唱歌。

经过反复地听，仔细地研究，我们终于听出叫的是：“下岗牌专业卤鸡蛋，五角钱一个，味道好得很——”

有游走的小贩，有固定的摊位，无论是白天还是晚上，无论是新城还是老城，到处都有这样的叫卖声。让人失笑的是，一个小小的卤鸡蛋，也是有“牌子的”、有“专业的”。

这是我们发现的新城对老城的唯一传承。

——南香红：《丰都殇》[1]

有一天早上，我姥爷突然来拜望我祖父母。有人到新台子去，告诉他，女儿毓贞前两天在给公婆煮早饭时，失神落魄，手随着柴火伸到柴灶里去，连疼痛都不知道……她已经失神落魄好久了。而且，还听南京来人说，我父亲与一些时髦的留学生住在一起，男男女女都有。姥爷终于得到我祖父母同意，允许他送我们母子三人去南京与我父亲团聚。如果父亲不收留，他再带我们回娘家。我清晰地记得那年秋天，树叶子差不多全掉了，高粱地也收割了，两个长工套上马车，把我们送往五里外的火车站，“乱石山站”——那一带的山石用来供应铺设中东铁路所需的石头。为了上京，我穿了件全家到沈阳做的红底闪蓝花棉袍，兴奋极了。

——齐邦媛：《巨流河》[2]

① 南香红著:《丰都殇》,《南方周末》,2002年10月24日。

② 齐邦媛著:《巨流河》,生活·读书·新知三联书店2012年版,第11页。

2. 人物叙事

指故事由主要人物或是与主要人物有联系的关联者进行叙述。这种叙事方式可以最大限度地还原真实情况，从而能够最直接地保证非虚构写作的真实性。

（1）主要人物叙述

李萍在她志愿打理的社交网络群账号上收到了一封私信，来自甘肃省天水市的女性范彩云，信上说她的孩子出生14小时后被已分居的丈夫强行从病房带走，目前已有10天，对方要求退还彩礼费才还回孩子。她几次报警，派出所认定为家庭纠纷。

很多时候，李萍看到这些私信会产生无力感，这只是一个由境况相同的见不到孩子的妈妈们自发组成的群——她们的孩子被男方家庭抢夺、藏匿，难以相见，每个妈妈都有各自的官司要打、都有各自的苦难要咽，她们互相鼓励、为彼此发声，但很难提供实际的帮助。

可是，“14个小时”，李萍感到愤怒。她把范彩云拉入群聊，教她怎么在微博上发帖，私信请微博大V转发。群里的妈妈也帮忙转发、评论。这篇帖子2021年10月8日发出，随即引起多家媒体关注，6天后，在当地司法所、派出所等多部门调解下，孩子回到范彩云身边。

——聂阳欣、余子奕：《见不到孩子的妈妈》①

（2）与主要人物有紧密联系的关联者叙述

赵涵漠《永不抵达的列车》一文，语言极具特色和感染力，文中多处使用与主人公有紧密联系者的直接引语或间接引语，既

① 聂阳欣、余子奕著：《见不到孩子的妈妈》，《南方人物周刊》，2021年第36期。

凸显了新闻的客观性与真实性，也使文章读起来更加生动感人。

朱平真正的人生几乎才刚刚开始。大一上学期，她经历了第一次恋爱，第一次分手，然后“抛开了少女情怀，寄情于工作”，加入了校学生会的技术部。在这个负责转播各个校级晚会、比赛的部门里，剪片是她的主要任务。

室友们还记得，她常常为此熬夜，有时24个小时里也只能睡上两个钟头。一个师兄也回忆起，这个小小的女孩出现在校园里的时候，不是肩上扛着一个大摄像机在工作，就是捧着一台笔记本电脑做视频剪辑。

就像那些刚刚进入大学的新生们一样，这个长着“苹果脸”的女孩子活跃在各种各样的课外活动上，她甚至参加了象棋比赛，并让对手“输得很惨”。

有时，这个“90后”女孩也会向朋友抱怨，自己怎么就这样“丧失了少女情怀”。随后，她去商场里买了一双楔形跟的彩带凉鞋，又配上了一条素色的褶皱连衣裙。

黄一宁是朱平的同乡，也是大学校友，直到今天，他眼前似乎总蹦出朱平第一次穿上高跟鞋的瞬间。“那就是我觉得她最漂亮的样子。”一边回忆着，这个男孩笑了出来。

可更多时候，朱平穿的总是在街边“淘来的，很便宜的衣服”。当毕业的时节来临，朱平又冲到毕业生经营的二手货摊上买了一堆“好东西”，“那几天，她都开心极了”。

——赵涵漠：《永不抵达的列车》①

① 赵涵漠著：《永不抵达的列车》，《中国青年报》，2011年7月27日。

3.第三方叙述

所谓“第三方”，指的是那些与主要人物虽有一定关联，但关联性较弱者，“第三方叙述”可以显示作者对事实的描述是客观和公正的。

> 10月11日晚上，作家雷铎通过手机得知了莫言获得诺贝尔文学奖的消息，那是助手发给他的一条短信。他为大学同班同学的获奖感到高兴。雷铎记得，1984年秋天，他是倒数第二个到解放军艺术学院文学系报到的学生，莫言是最后一个。他们俩都因为各自的原因而没有按时到校。
>
> 军艺办了全国最早的作家班，他们这批军队作家被称为“黄埔首期”。军队积压多年的作家一下子都集中到北京的这个院子里学习去了。能够进入此地学习，既要有考试成绩又要有作品。军艺文学系主任徐怀中非常欣赏莫言，看了他的作品后，对辅导员刘毅然说，这个学生，即使文化考试不及格我们也要。
>
> 首期作家班共有34个同学，加上辅导员，一共是35人。有的人在进入军艺作家班之前就已经成名，比如李存葆凭借《高山下的花环》获得了全国优秀中篇小说奖，已经广为人知。来自南京军区的以报告文学成名的记者钱钢担任了这个班的班长。
>
> 徐怀中给作家班实行的是“导师制”。全国最著名的高校老师、作家、评论家、艺术家被请来给他们上课，这其中有吴组缃、丁玲、王蒙、刘再复、张承志等等。
>
> 有时候，徐怀中还会给一些同学上小课。“有一次，他（徐怀中）叫了我和莫言一起交谈，谈话的内容是文学文本。”

当时的中国作家热衷文本实验，“两斯一萨”（博尔赫斯、加西亚·马尔克斯、巴尔加斯·略萨）是大家经常谈论的作家。

对于文本实验，雷锋认为莫言的分寸掌握得更好一些，自己则走得太远。“这好比一场足球比赛的现场转播，莫言的度掌握得很好，被纳入视野，而且靠近镜头。”

——卫毅：《莫言的国》①

4.由“导游”叙述

故事由一位几乎无所不在的“导游”来叙述。

写作者将自己和其他人物都“隐藏”起来，由“导游”带领读者进行观察。“导游”目之所及，即读者目之所及。

讲台上，中文系的一位女生在介绍夏志清及其《中国现代小说史》。孔庆东坐在第一排，手里拿一支笔，看着PPT，时不时做些笔记。女生讲到有趣的故事，他也跟着大家微微一笑。其后，他进行点评：“左派有人说张爱玲是汉奸，但我还是为张爱玲说话。因为她有本事——这个聪明的女人能把她的观点表达得那么好。”

——宁歌：《孔庆东谈天气》②

在央塔克乡阿尔浪卡村，他有54亩土地，8个孩子，23个孙子，3个重孙子。他还有一个早5分钟出生的双胞胎哥哥——艾山，他有10个孩子和18个孙子。央塔克乡2.7万人，4700户，23个自然村，没有人不知道这兄弟俩。他们走到哪里都会围着一堆一堆的人，人们都乐此不疲的事就是猜哪一个

① 卫毅著:《莫言的国》,《南方人物周刊》,2012年第36期。

② 宁歌著:《孔庆东谈天气》,《人物》,2012年第5期。

情节，即人物之间的联系、矛盾、同情、反感和一般的相互关系，——某种性格、典型的成长和构成的历史。

——马克西姆·高尔基[①]

是哥哥，哪一个是弟弟。

刀郎人会说话就会唱歌，会走路就会跳舞，从两三岁的孩子到七老八十的老汉，举手就跳、张嘴就唱不是稀奇的事。但是唱成玉山这样，他就必须是一个真正的歌者和诗人。

玉山很为自已能够将刀郎木卡姆九套套曲都唱下来而骄傲，那是先人留下的，他们的音乐有固定的格式，他们的唱词要求合辙押韵。最迷人的地方是每套套曲的开头，那是一场“单人秀”，长达一分钟的高音独唱让玉山的技艺显露无遗：

他闭上眼睛，仰头向天，将一股力量逼入胸中，让它无路可走，不得不从狭窄的喉头迸发，于是那声音就如裂云断帛一般冲向天际。“外安拉——”“外安拉——”“外安拉——”呼唤一声比一声急，一声比一声高，无路可走，上气不接下气，黑云压头，但依然要曲折迂回地上升……

——南香红：《“没有木卡姆就等于没有了生命”》[②]

## （二）情节

情节是指以人物为中心的事件演变过程，是由一组或一组以上能够显示人与人、人与环境之间关系的具体事件和矛盾冲突构成的，一般要经历开端、发展、高潮和结局等几个步骤，有的还

① 转引自王建高、邵桂兰著:《人物关系与性格描写》,《戏剧文学》,1982年第1期。
② 南香红著:《“没有木卡姆就等于没有了生命”》,《南方周末》,2006年11月30日。

> 如果突然有一个炸弹爆炸，引起的只是恐慌，并不会有什么悬念；但是如果事先让读者知道桌子底下有个炸弹，而主角却不知道，这样自然就会引起悬念了。
>
> ——阿尔弗雷德·希区柯克①

有序幕和尾声。

对于非虚构写作来说，情节并不是越曲折、越离奇就越好，而是要严格尊重新闻真实，绝不能为了吸引读者而胡编乱造。情节也不是设置得越多、越复杂就越好，而是要能够准确反映故事所要表达的主题。

1.悬念

悬念打破了故事发生的内在因果关系、时间顺序和线性发展，突出了事物的反常性和不合逻辑性。

设置悬念可以满足读者对于故事情节发展、人物命运变化的关切与期待心理，可以推动故事向纵深发展。

通过“设置悬念—解除悬念—再设置悬念—再解除悬念”的方式来写故事，可以将故事写得一波三折、高潮迭起，从而能吊住读者胃口，使他们充满阅读兴趣，欲罢不能。

刘曼是什么人？他为什么要抛开已经怀孕了7个月的妻子，去国家工商总局“自首”？为什么他的“自首”一开始没有被受理？最终他的命运又是怎样的？张伟的《赎罪》一文，讲述了在北京销售假冒品牌速冻食品的湖南人刘曼尝试各种方式进行“赎罪”

① 转引自陆崇正著：《悬念在故事中的可能》，《鸭绿江》（上），2018年第6期。

> 只有推迟给出答案，才能造出悬念。
>
> ——戴维·洛奇[①]

的故事。文章一开头，作者就给读者设置了这些悬念，而这些悬念也正是读者希望解开的疑问。

刘曼决心去寻找一种期待已久的问心无愧的生活。2月16日下午，他套上件夹克衫，把一箱“湾仔码头”牌手工水饺挟在胳膊底下，向国家工商总局出发。

出门时，怀孕7个月的妻子在身后，他没怎么回头，只扔下一句，“放心吧，没事”。可是当他站在国家工商总局的灰色台阶前，脚步变得有点迟疑，嘴唇也有些哆嗦。

门卫拦住了他。“我来自首。”他的声音含混不清。

在大门一侧的上访接待办公大厅里，满屋子人都用奇怪的眼神，看着这个没精打采的年轻人来到接待窗口，结结巴巴地说明来意。

“我来自首，检举自己和他人制作、销售假冒伪劣的水饺和冰棍。”他像在背诵一篇文章。这句话在纸上或口头上演练过很多次，每一次他都在想，会得到怎样的回答。

现实里的回答是：“那你应该去公安局。”再问一遍，还是相似的答复。

自首的第一步受挫了。刘曼迈着大步在接待大厅踱来踱去，一会儿掏出手机，一会儿又装回口袋里。他脑袋上冒出了汗。旁边，一个拾荒者用同病相怜的目光看着他，试图和他一

① 戴维·洛奇著，王峻岩等译：《小说的艺术》，作家出版社1998年版，第15页。

起抱怨一下，他也没有听见。

要不是拿着登记表的工作人员前来接访，这个下午，刘曼带着他那箱速冻饺子和一颗赎罪的心，根本不知道何去何从。

——张伟：《赎罪》[①]

2. 困境

困境就是困难的处境。困境有大有小，困境越大，故事就越复杂、越精彩。

解决困境是非虚构写作的终极目标，读者可以从人物挣脱困境的过程中，理解人物的内心情感，汲取经验教训，并感受人物在面对生活逆境时是如何寻找出路、掌控人生的。

杰克·哈特认为，每个故事都可以体现为一条叙事弧线，即“人物—困境—解决困境”，“当人物遇到错综复杂的情况，而他又不得不面对和解决时，行动就发生了。故事正是由一连串这样的行动所构成的”。[②]

在杰克·哈特看来，一个故事是从阐述开始的，在情节点上（XXXX代表情节点，每个情节点都在推动故事的发展），主角人物开始遇到了麻烦（在好莱坞电影中，这部分要求在8分钟内完成）。然后是上升动作，主角人物开始与他的麻烦做斗争，但一般都是失败的（如果麻烦可以很快解决，那就没有故事了）。接着是危机部分，这是最紧张的部分。然后是高潮部分，困境得到解决，主角人物开始用新的视角看待他的世界。

① 张伟著:《赎罪》,《中国青年报》,2009年2月18日。

② 杰克·哈特著,叶青、曾轶峰译:《故事技巧:叙事性非虚构文学写作指南》,中国人民大学出版社2012年版,第6页。

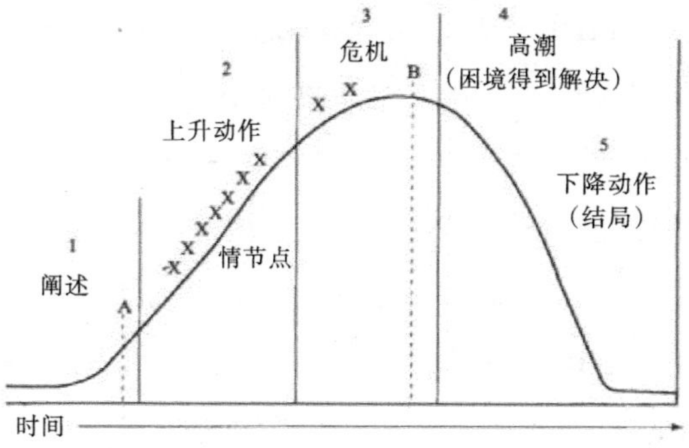


**杰克·哈特提出的叙事弧线**[①]

李海鹏在《人工盲童》一文中，讲述了几个因医疗疏忽、不当吸氧而造成早产儿视网膜病变，并且永远堕入黑暗的医疗事故案例。那些陷入困境的家人们面对无力拯救孩子时的那份绝望与愤怒，给读者留下了极为深刻的印象。这些孩子原本都是可以避免遭受这些不幸的，但由于错失了治疗时间，他们却永远地告别了光明。作者在写作时很少进行煽情，只是对案例娓娓道来，但读者读后却心如刀割，仿佛那些不幸的家长就是他们自己，而那些不幸的孩子就是他们自己的孩子。

> 杨德山在深夜里钻进洗手间，关上灯旋转了两圈儿，失去了方向感。他试图猜想，如果自己身边的黑暗像笼罩着女儿的那样永不散去，那么自己会体验到什么。
>
> 这种恐怖的感受，如今已经被许多与杨德山一样的盲童的父亲所深刻了解，用心理学的专业描述，它包括：对残损的存在的差别意识导致的极度压抑、焦躁，失去大多数信息来源的痛苦、没有前途的绝望。

① 杰克·哈特著，叶青、曾轶峰译：《故事技巧：叙事性非虚构文学写作指南》，中国人民大学出版社2012年版，第22页。

2001年11月15日，杨德山的女儿杨蔚依早产出生于天津市中心妇产医院，她是三胞胎中最小的一个，孕龄7个半月即32周，体重1400克。与其他早产儿一样，她有着生命危险，因此立即被送到新生儿科重症监护室进行抢救。新生儿科的医生把一份“抢救告知单”交给杨德山，上面详细地列举了抢救过程中可能出现的问题，比如窒息、脑瘫等等，但没有任何涉及可能导致视网膜病变的字句。在出生记录上，杨蔚依被描述为“双眼等大、等圆，状况良好”。

此后6天，透过重症监护室的玻璃门，杨德山看到女儿像小猫一样安静，一直戴着吸氧头罩。第7天，妻子郝云丽出院，女儿则办了转住院手续，继续住院抢救。事后，按照收费清单记录计算，杨蔚依共吸氧13天，有间断。

2001年12月5日，杨蔚依出院了，她的眼睛大而明亮，随物转动，杨德山夫妇很幸福。这段幸福的时光持续了3个月。

他们不知道，这也是永远地失去机会的3个月。

3个月后他们突然发现，孩子的瞳孔在夜间会变得很小，不正常地亮，像猫的眼睛似的，而且在灯光下会反射出一个白点。杨德山咨询了附近的一些医生，他们也不懂是怎么回事。到杨蔚依快4个月大时，白点的直径已经扩展到5毫米，通过它，杨德山可以看到女儿的眼底白茫茫的一片。

在恐惧中，他和妻子带杨蔚依去了天津医科大学医院眼科中心，专家张虹看了看孩子，第一句话就问：“吸氧了没有?”

早产儿视网膜病变，一种因经验不足、训练匮乏或者人心冷漠而被忽视的疾病，到此时已经永久地、不可逆转地伤害了杨蔚依。

——李海鹏：《人工盲童》①

① 李海鹏著:《人工盲童》,《南方周末》,2004年2月19日。

冲突乃是生活中最富于戏剧性的成分之一，因而许多剧本事实上都以某一冲突作为对象。

——威廉·阿契尔[①]

孙福娟只觉得脑袋“嗡”的一声，挨打的半边脸又涨又麻，她失去了痛感，血沿着她的嘴角“嘀嘀哒哒”地流在棉袄上。一个山区姑娘长久以来的城市梦想，瞬间就被这四记重拳无情地击碎。她跌坐在车务员的小凳子上，伤心地大哭起来。

她不明白，农村姑娘来为城里人服务，为什么会这样横遭殴打?!

——董月玲：《202路有轨电车》[②]

3. 冲突

冲突是指一方感受到另一方对自己所关心的事情产生了消极影响、或是将要产生消极影响的过程。

冲突包含了两个必要的因素：一是这种消极影响要被双方所感知；二是双方存在着意见对立或不一致，并且带有某种相互作用。

非虚构写作所指的“冲突”，是指在现实生活中由于人们立场观点、思想感情、理想愿望以及利益等不同而产生的矛盾斗争，它包括了人与人的冲突、人与环境的冲突以及特定条件下人物自身的冲突。

冲突是展示人物性格的有效手段，是戏剧化叙事最显著的特

① 转引自陈默著：《谈性格冲突》，《中国戏剧》，1961年第3期。

② 董月玲著：《202路有轨电车》，载于李大同、张可佳主编：《冰点——中国青年报专题报道精选》，安徽人民出版社1996年版，第37—38页。

征之一。

冲突越大越频繁，作品的张力就越强，其所要揭示的社会现象或问题也就越值得人们关注和思考。

董月玲《拒绝当一个标准产品》一文，聚焦了两种教育理念的冲突：一种是“标准化”的教育，一种是“个性化”的教育。我们敢不敢承认孩子之间是有差异的？我们能不能不用同一套标准来要求孩子？作品以主人公老陶教育女儿陶雨晴的故事为例，对教育教学模式的改革进行了探究。

“我不是好人，别写我！”19岁的陶雨晴，大声嚷嚷着。我一下愣住了，这样拒绝采访的人，还真没见过。

“你怎么会不是好人呢？”我小心地追问。

她的一通话，又把我给噎住了：“我不是报纸上宣传的好人，我没救谁，也没捐过钱，采访我干吗？”

陶雨晴是个单眼皮的女孩，人长得挺瘦，胳膊细细的，头帘有些长，一低头，能盖住上眼皮。

老陶柔声相劝：“你是个好人。只不过，不是老师心目中的好学生而已。”

…………

到了小学，陶雨晴竟然成了“问题少年”。“和别的小孩玩不到一块，属于另类。上来脾气，什么都不怕。我呢，从她上小学开始，就不断地被叫到学校。一听老师来电话，心就‘突突突’地跳，反正没啥好事。”

有一回，校长把老陶给叫去了。那天早上，学校做广播体操，说是陶雨晴跑到前边的台子上，把领操的老师给推下去了，这还了得？校长问：你为什么这么做？没想到，小姑娘是这样回答的：冬天早上这么冷，你们不让我们穿外套，可老师为什么就能穿着羽绒服在上边领操？

最让老师头疼的，是陶雨晴不交作业、不听课。有一次，老师实在气得不行，又叫老陶：你来，在窗外看她！“我站在窗外，确实是，别的同学都在听课，她在下边偷偷看课外书。”

老陶分析道，主要矛盾就是时间问题。学校希望学生啥也别干，一心一意学习，奔了中考奔高考。一天差不多12个小时，全上课、写作业，没时间干自己喜欢的事。

“陶雨晴喜欢生物，喜欢写作，她在这上头花费了太多时间。别的孩子背一个书包，她等于背俩。别的小孩放学后，该玩的玩去了，她把时间用来看课外书、写东西、上网。好多书都是她自己买的，有几书柜。我家光《昆虫记》就买了几个版本，有一套15本，她都看了。她的阅读量，比我大。”

“应该说，老师没做错什么，是按学校规定做的。”老陶始终这么认为。知道陶雨晴有点天分，老师甚至对她还有些照顾。“在小学，到后来，校长也挺无奈地说过：陶雨晴这孩子，只要她不影响别人，不要管她！”

——董月玲：《拒绝当一个标准产品》[①]

赵涵漠《这只摇了38年的轮椅，停了》一文，开头便一语道破作家史铁生的悲剧命运，凸显出强烈的冲突性，为下文细致描述其“病态”的人生埋下了伏笔。

史铁生总梦想自己是一个田径运动员，最好有“一米九以上

① 董月玲著：《拒绝当一个标准产品》，《中国青年报》，2009年7月22日。

的身高”，并且跑起百米来要超过“九秒九几”。他最爱看的电视节目是田径比赛，他甚至能说出“所有田径项目的世界纪录”。

但因为瘫痪，这个病人已经在轮椅上度过了整整38年。2010年12月31日，在距离自己60岁生日仅仅4天的时候，因为突发脑溢血，史铁生带着永不能实现的梦想和未完成的书稿，离开了这个世界。

——赵涵漠：《这只摇了38年的轮椅，停了》①

自从法国小贩成为新闻传开后，越来越多的记者前来采访。

卖鸭脖的刘小琴（化名）愤怒地拒绝了几名记者的采访，在她看来，那两个完全不上道的老外搅乱了黑暗料理界的平静，引人关注，实在是这个世界的生存大忌。

5月29日，何洁、布诺与柯然推着他们的薄饼摊出现在同济校园里时，立即吸引来长达几十米的长龙。

这天是同济大学组织的地球村活动日，他们三人决定将当天的煎饼全部免费派送，他们放弃了收回成本的想法，而且再也不想回到黑暗料理界了。他们甚至像做错事一样向众人解释，三轮车只是他们的一个设计，完成后，想去试一试车子，顺便也就卖了薄饼。但学校的老师已经发话，他们持的是留学生护照，按规定，留学期间不允许在中国兼职打工。

——吴鑫：《煎饼快跑》②

4.爆点

爆点是写作者在作品中设置的“高潮点”。

① 赵涵漠著：《这只摇了38年的轮椅，停了》，《中国青年报》，2011年1月5日。
② 吴鑫著：《煎饼快跑》，《南方周末》，2011年6月2日。

爆点可以是一个，也可以是多个。

设置爆点是非虚构写作“讲好故事”一个非常重要的原则，因为爆点是读者最愿意，也最希望看到的内容，写作者将这些爆点提取出来并加以突出呈现，就能够牢牢吸引住读者。

需要注意的是，爆点不是“标题党”，也不是为了“吸睛”而刻意营造出的所谓“噱头”，更不是要制造假新闻。爆点是故事由低谷走向高潮的转折点，正是因为有爆点的存在，故事情节才开始发生变化。

写作者可以通过突出人物身上的反差，来制造阅读爆点。

中国科学院院士、遥感地理学家李小文，虽然是一位享受副部级待遇的“国宝级”科学家，但他在日常生活中却衣着朴素、不拘小节，人物的社会角色与性格特质之间形成了巨大反差，陈璇的《“布鞋院士”李小文：身上常揣酒 最喜欢令狐冲》一文，有意将这一反差提炼为“爆点”，从而引发读者浓厚的阅读兴趣。

此前，有人说他像武侠小说里的扫地僧，“低调、沉默却有着惊人天分和盖世神功”；也有人将他与陶渊明等魏晋名士相提并论，“外表不羁但是有着仙风道骨”；一位大学同学盛赞他，“维护了传统知识分子的风骨、本色、随性”。

然而，对于初次见到李小文的人来说，“狂狷不羁”恐怕难以和眼前这位身材瘦小的科学家产生关联。年过六旬的李小文佝着背，蹲在茶几边上的一角，为客人沏着茶。他还特意询问：“介意用手抓（茶叶）吗？”他拎开水瓶的手微微有些颤抖，但水还是恰如其分地倒在杯子的七分处。

几年前，同样是在这间办公室里，一位采访他的记者端坐在真皮沙发上，而他却矮矮地坐在学生送他的小竹椅上。这位颇有名望的科学家侧着身子，仰面望向记者，还不停地给对方递烟、点火。最后，那位记者不得不感叹，“这可能是世界上最谦虚的科学家了”。

正是这位“最谦虚”的科学家，堪称我国遥感领域的“泰斗级”人物，而且在国际上享有盛名。他创建了“李小文-Strahler”几何光学学派，硕士论文被列入国际光学工程协会“里程碑系列”。他和他的科研团队的研究成果推动了定量遥感研究的发展，让我国在多角度遥感领域保持着国际领先地位。

不过，这些荣耀，不会被李小文提及。他不擅长侃侃而谈。相反，他在谈话间显得有些局处，抱着左胳膊的右手，不自觉地上下摩挲着。由于牙齿被拔光了，他讲起四川普通话来口齿有些含混。

——陈璇：《“布鞋院士”李小文：身上常揣酒 最喜欢令狐冲》[①]

### （三）气氛

气氛是弥漫在空间中的、能够影响人物行为过程的心理因素的总和。

这些心理因素包括紧张、兴奋、沮丧、恐惧、期待、高兴、热烈、冷漠、积极、消极、肯定、否定、怀疑、信任、尊敬和鄙视等。

气氛虽然看不见、摸不着，但却是客观存在的，能够为人所感知。

① 陈璇著:《“布鞋院士”李小文:身上常揣酒 最喜欢令狐冲》,中国新闻网,http://www.chinanews.com/edu/2014/06-04/6241335.shtml.

1.肃穆的危楼

5月11日清晨，北川地震纪念碑前，19名穿着统一白色校服的孩子。这些10到17岁的孩子们一语不发，安静地烧香、鞠躬、哭泣，凉风吹动着他们胸前的白色纸花。一片瓦砾堆被葱葱郁郁的爬山虎覆盖了，几棵杉树也将黄绿色的枝条，伸进了损毁倾斜的危楼里。

——范承刚：《尴尬的减法》①

2.寂寥的夜晚

2004年1月北京

北京的夜晚开始凉透了，那凉是丝丝潜入皮肤中的凉，是那种刺骨的凉。南城的大街小巷早早就隐入了黑色之中。每次走在路上，都有些怀疑那些隐隐若若的灯光，是浮在海面远处的那些极其遥远的彼岸。

偌大的丰田中心，人声鼎沸。休斯敦火箭队的新场馆、新球衣、新队徽、新教练甚至是新打法，他大踏步地走过来，万千的目光就探照灯似的扫过去，还是那些熟悉的唏嘘声和掌声，还是那张中国面孔——姚明。

年年岁岁花相似，岁岁年年人不同。

此情，此景，宛若时光倒流，昔日重现。

2002年12月到2003年4月，整整四个月，打包、在路上、到达机场仿佛已成了生命的全部，洛杉矶、休斯敦、达拉斯、圣安东尼奥、亚特兰大……一程又一程，一站又一站，仿佛永远都没有一个地方能让人歇息下来、停留下来。

那些个夜晚独自在一座又一座陌生的城市悄然惊醒，望向窗外时，巨大的灯海却只都泛着冷冷的射光，照射着那个繁华

① 范承刚著:《尴尬的减法》,《南方周末》,2012年5月18日。

而喧闹的国度。

——易小荷：《亲历NBA》[①]

（四）情感

情感是人们对客观事物是否满足自己需要而产生的态度体验。写作者要注重并善于描写充满情绪和记忆点的人物，让读者在情不自禁中随着人物的喜怒哀乐而发生情感波动，只有这样，才能让读者体验到足够的感官冲击，并为此激动不已、感同身受，最终被自然而然地带入到故事的情境之中。

1. 郁郁寡欢

我拿好了证件，正打算问路，突然眼前一片巨大的阴影悠然而过——是姚明！他正漫不经心，仿佛又有些心不在焉地走着。

不知道为什么，记者的理智和冷静都没有了，他可是我来了以后看见的第一个熟悉的中国人，我禁不住有些激动地大叫了一声：姚——明！

他扭过了头，却是缓慢地，然后，他几乎是难以察觉地点了点头，一个多月不见，他脸颊的颧骨似乎都陷了下去，上面只写满了疲惫，有工作人员与他擦身而过的时候给他一个微笑，而那一刻，就算是全世界在欢呼，仿佛也不会看见他明朗的笑容。

我心里不由得咯噔了一下。

——易小荷：《亲历NBA》[②]

① 易小荷著：《亲历NBA》，载于刘蒙之、张焕敏著：《非虚构何以可能：中国优秀非虚构作家访谈录》，中国社会科学出版社2018年版，第134—135页。

② 易小荷著：《亲历NBA》，载于刘蒙之、张焕敏著：《非虚构何以可能：中国优秀非虚构作家访谈录》，中国社会科学出版社2018年版，第138页。

2. 强颜欢笑

在饰演过的数十个角色中，佘诗曼最羡慕《公主嫁到》里的昭阳公主。这是她为数不多的喜剧角色。昭阳公主是金枝玉叶，可以刁蛮任性、为所欲为、率性自由。她像极了入行前的佘诗曼，开心就是开心，不开心就不开心，想发脾气就发脾气。

成为艺人后，生活的束缚变多，佘诗曼开始学习高度自我控制。她拒绝情绪失常，微笑成为最常用的表情。她不允许自己喝醉，因为那样没法回家。“艺人出现在大家面前，公众形象会影响到别人。控制自己很重要。”

情绪控制的极限发生在2005年一次颁奖礼上。她正准备上台领奖，接到电话，被告知母亲在美国进行肺部手术，心跳、呼吸停了20秒。医生让她做好母亲永远不会醒来或者失忆的准备。下一秒上台，她强忍泪水，笑着对所有人说谢谢。“那一刻我真的很讨厌当明星，因为我永远要把真实情绪藏在心里。”这次失控以佘诗曼每年休假一个月去夏威夷陪母亲告终。

——张明萌：《佘诗曼：我不是自信的演员》①

3. 咄咄逼人

周晓枫的部分敏感源于警惕，她谨慎地避免忽略他人的情感。中学时班级聚会，她打算从家里带个铜火锅，同学也说拿一个，她问对方，你家火锅烧什么的？对方答不出来。周晓枫意识到同学只是出于虚荣心的吹嘘，家里并没有火锅，所以才尴尬。想起这位同学平常对他人的嘲讽，周晓枫并未立即说出答案——木炭或酒精，她有意停顿，让对方更长时间陷入窘

① 张明萌著：《佘诗曼：我不是自信的演员》，《南方人物周刊》，2018年第18期。

境，直到大哭起来。这是一次教育，从此周晓枫明白，尽量不要伤害别人，尤其不要在公众面前轻视他人感受。

——张明萌：《周晓枫：写作者是坐井观天的口技演员》①

4.腼腆紧张

10月底，北京夜，大风已经刮了好几天。知乎沙龙现场，由头是新电影《你好，之华》的上映。岩井俊二朝台下观众、台上主持人、翻译员分别鞠躬。落座前，他面向台下半倾点头，腼腆笑了一下。延缓的登场掌声这时才响了起来。

55岁，还是有点难和眼前人联系起来。中分的蓬松黑头发，黑衣服，黑镜框，模样似乎二十多年从没变过，墨一样素净。“我经常被说长得像狗或长得像熊。”当事人却如此总结。置身公共场合时，除了日本导演身上常见的谦逊和沉静，岩井俊二还多了份疏离感。

几年前，有影迷看到他以评委身份出席上海电影节，“岩井俊二就在我旁边，他发言时紧张腿抖，别人都侃侃而谈。因为他紧张，我真爱他”。

这场沙龙上，岩井俊二依然带着点生涩。坐在他对面的主持人状态饱满舒展，台下影迷们备着问题如箭崩弦，都有点儿来势汹汹的意味。毕竟，对中国的观众来说，岩井俊二似乎让人等了太久了。

——梁辰：《岩井俊二：寻找樱花下的尸骨》②

① 张明萌著：《周晓枫：写作者是坐井观天的口技演员》，《南方人物周刊》，2018年第12期。

② 梁辰著：《岩井俊二：寻找樱花下的尸骨》，《南方人物周刊》，2018年第34期。

> 仅仅只是叙述故事的叙事性，非虚构写作永远无法上升到伟大的层次，作为非虚构写作的从业者，我们常常似乎对观念在我们工作中的重要性缺乏全面的认识，我们需要逐渐培养出一套将观念和故事结合起来的普遍技能。
>
> ——尼古拉斯·莱曼①

### （五）内涵

内涵是指读者阅读作品后所产生的一种认知感觉。

由于人的感知能力是有差异的，因此写作者需要将故事内在的、潜藏的、本质的东西挖掘出来，特别是要有意识地呈现出故事背后所蕴藏的情感内涵，以便让读者在情感驱动下深陷故事之中。

写作者不仅要记录事实真相，而且还要引领读者去深刻理解我们身处的正在变化中的世界。

叶伟民写作《再见萤火虫》一文的起因，源于他在一个发行量不大的行业报刊上所看到的一则300多字的会议报道。报道内容为：在天津举办的一次环境会议上，有一位名叫付新华的参会者，他是我国唯一研究萤火虫的博士。付新华认为，随着我国城市的快速发展，萤火虫数量正在大量减少，甚至有可能出现灭绝的危险。

叶伟民看到这篇报道后很兴奋，他发现了其中蕴藏着一般人

① 转引自马克·克雷默、温迪·考尔编，王宇光等译：《哈佛非虚构写作课：怎样讲一个好故事》，中国文史出版社2015年版，第154页。

没有发现的内涵：其一，萤火虫是通往人们内心一个重要的意象和象征，会勾起人们的童年回忆和浓郁乡愁。其二，付新华的同事们都选择去研究害虫，因为这关乎农业发展的大问题，也有充裕的科研经费作保障。研究萤火虫看起来没有什么实际的用处，而且也没有任何的研究经费。那么付新华为什么还要坚持研究萤火虫这么多年呢？他的故事又是怎样的？这里面必然有值得挖掘的东西。

“萤火虫如果灭绝了，则不仅仅是一种物种的简单消失，还会带来民族文化和历史记忆的缺失。”昆虫爱好者毕文煊说。

在付新华家中，各地热心人寄来的萤火虫标本已装满了整整一套容器。“更重要的是，他们给予我鼓励和信心。”付新华说。

幸运的是，萤火虫的生态和观赏价值现在已逐渐被人们所认识，一些地方的“萤火虫公园”“萤火虫景区”等正酝酿成立，当然这当中也不乏唯利是图之辈，打着“出售萤火虫”牌子，到野外掠夺式地采集出售。

“但这并不代表跟商业结合是万恶的。”付新华说他正在等待一个投资伙伴，把实验室里的人工养殖技术与商家的旅游资源开发相结合，实现物种保护和经济效益的双赢。

这多少有些超前。有一次付新华到一个山清水秀的村子去宣传他的设想：打算把村子打造成一个远近闻名的萤火虫观赏区，所有的农产品以萤火虫为卖点。但是，最后，村长还是婉转地对付新华说，他们更欢迎直接而快速见效的投资，例如建一个工厂。

现在，付新华在武汉城郊租了一处水塘，这里杂草丛生，

> 叙事不仅仅报道事实真相，而且还能帮助人们更加深刻地理解话题。
>
> ——泰德·切尼①

人迹罕至，但却是他实施宏伟蓝图的“试验田”——付新华将在这里人工繁育萤火虫，然后带到野外放生。

“希望能在一定程度上减缓萤火虫消失的速度。”说这话时，付新华尽量显得信心十足，纵使他也知道，在势不可挡的城市化进程面前，任何个人的力量都只是螳臂当车。

——叶伟民：《再见萤火虫》②

1997年，20来岁的河北农民李红旗在保定一个古玩市场花2500元购买了5张泛黄的《革命烈士家属证明书》，证明书上只有抗美援朝烈士在朝鲜战场上牺牲的简单情况，末尾有烈士亲属姓名和家庭住址，发证时间是1952年。李红旗本打算过段时间找个下家，加价卖出去赚上一笔钱。但在回到家仔细研究了这些纸张后，他倒卖赚钱的想法却动摇了，并最终义无反顾地踏上了寻找烈士家属的漫漫长路。截至2009年8月，李红旗总共寻找到了4位烈士的家属。

蒋韡薇的《归途》一文，讲述的就是这位普通农民与5名志愿军烈士特别的情缘，作品感动了千千万万读者。这段穿越50余载的军民鱼水情说明了一个朴素的道理：人民，永远不会忘记为国捐躯的英烈们。

① 转引自《叙事不仅仅报道事实真相，还能帮助人们更加深刻地理解生活》，澎湃新闻，https://m.thepaper.cn/baijiahao_4863673.

② 叶伟民著：《再见萤火虫》，《南都周刊》，2008年7月24日。

李红旗心里美滋滋的，确认了这些物件的真实性。他没搭理媳妇的话，掏出2500元，把5张抗美援朝烈属证和作战记录带回了家。他盘算着，过阵子再把这些东西卖出去，挣点钱贴补家用。

回到家，他把烈属证给老父亲看。老爷子盘腿坐在床上，把这些东西对着光线看了很久，冒出一句："这是烈士的东西，咱应该还给人家。"

"还？这是我花钱买的，还指着这个挣钱呢。"李红旗收起烈属证，嘀咕几句，觉得父亲是年纪大了，"脑子有问题"。

几个月过去了，老父亲不时会对李红旗提起这些烈属证。"你说，你出个门我多担心啊。这些烈士，他们都是英雄啊，他们的家人，一定也很想念他们。咱还是把东西送回去吧。"

"千年字儿会说话。把烈属证送回去，不就等于送烈士回家?"

李红旗空闲时，翻看买回来的那本记录，知道这场战争打得异常艰苦。冬天里，很多战士连双鞋都没有，光脚在雪地上行军打仗。物资奇缺，一些指挥员呼吁上级"给配给些照明的煤油"。他没怎么读过历史书，不知道这些烈士所在的部队，是朝鲜战场上打得最艰苦的一支部队……

他越来越朴素地觉得，不能拿这些烈属证去挣钱。

——蒋韡薇：《归途》[①]

鞠靖的《"铿锵玫瑰"为何处境凄凉》一文，从中国女足运动员微薄的收入起笔，聚焦女足在发展过程中所面临的各种问题，

① 蒋韡薇著:《归途》,《中国青年报》,2009年6月10日。

呼吁尽快推动女足职业化，以形成女足健康发展的良好社会环境。

张建强向本报记者介绍，现在，中国足协每年花在女足上的钱有上千万，但是却“扶强不扶弱”，重点扶持12个重点城市，而“偏远地区、条件不成熟”的地区则无法享受这样的扶持，因为“这对女足没有任何实际效果”。

张建强说，“女足要持续发展，必须考虑一个根本的问题：女足运动员踢球到底是为什么？如果你有一个女儿，是独生女，你愿意让她去踢球吗？这是一个社会问题”。

这位中国足协主管女足的官员对记者承认，目前，出于兴趣爱好送女孩子踢球的家庭确实是少数。“在美国，女足的社会化程度比较高，自愿去踢球的人很多，自然而然形成了一个从小学、中学到大学的完整体系，所以他们有几百万的女足人口。但在这方面，中国和美国没有可比性，这是由两种完全不同的文化背景、社会体制所决定的。我们是抓绝对人口，而不是普及人口。所以，美国人从事的是一种业余活动，我们则是当成一种专业。”

江苏华泰俱乐部总经理蔡伟也说，不可否认的是，女孩子踢球的路子很窄，让她们看不到希望，这是非常要命的。

——鞠靖：《“铿锵玫瑰”为何处境凄凉》[①]

① 鞠靖著：《“铿锵玫瑰”为何处境凄凉》，《南方周末》，2006年10月12日。

第三讲

# 非虚构写作的场景建构

> 一个“核心场景”可以带出一篇文章，甚至一部书。
>
> ——卫毅[①]

## 一、场景释义

场景原指小说、戏剧和电影等艺术作品中的场面。小说、戏剧和电影基本上都是由一系列场景构成的。比如美国作家弗·司各特·菲茨杰拉德于1925年创作的、以20世纪20年代纽约为背景的中篇小说《了不起的盖茨比》，就几乎是借由“场景”与“场景”之间的巧妙切换，而搭建起了一个令人回味无穷的故事架构。整部小说如同是一部“文字电影”，引领读者在作者构建的各种场景中迂回前行。

我们真实的生活也是由一幕幕场景所构成的，每个人都生活在属于他自己的那个“特殊的”场景之中。当人们有了新的目标、

① 卫毅著:《非虚构的场景与人》,《新闻与写作》,2019年第9期。

> 场景能够让我们身临其境，亲历叙事弧线的起伏。我们凭借自身的经验来理解故事中的细节，这就是为什么优秀的故事讲述会在我们心中激起强烈的感情。
>
> ——杰克·哈特①

新的愿望或新的体验时，场景也会相应地随之进行转换。

场景是在一定时间、空间内发生的任务和行动，它是故事发生和发展的“舞台”，是人物活动的场所，它能让读者身临其境，去“亲历”那些波澜起伏的精彩叙事。

“建构场景”被汤姆·沃尔夫列为“新新闻主义”基本的写作技巧之一，在他看来，这种技巧是区分“故事”和“报道”的一个重要标准。

杨潇的《素季的国度》一文，开头就从缅甸“最红的歌手”联想起23年前昂山素季在英国参加的“夏末野餐”，作者在两者之间巧妙地进行了场景切换，故事也就自然而然地发生了。

> 阳光刚刚好，茵雅湖上吹来小风，草坪边有张桌子，上面摆着菠萝汁和各式甜点，有人先离开了，剩下的人三五成群地继续聊天。“那是缅甸现在最红的歌手，”昂山素季的朋友U Htin Kyaw远远地指着一个女孩告诉我，“那边，是本地很有名的一个电影演员。”
>
> 不知此景是否让昂山素李想起牛津的夏末野餐，在离开英

① 杰克·哈特著，叶青、曾轶峰译：《故事技巧：叙事性非虚构文学写作指南》，中国人民大学出版社2012年版，第92页。

国23年以后，这并非常见的场合。仅仅在一年多以前，这还是一块外人不得踏足的禁地，而当时处于软禁中的昂山素季，仍是这个国家最大的敏感词。有一段时间，军政府甚至不允许人民说出“素季”这个名字，于是人民就改口尊称她为“夫人”。“两年前，这些明星不可能来见她，”这次聚会的组织者Myo Yan Naung Thein说，“他们只能在心中默默地支持。但现在不同了，人们迫不及待地要表现出他们对‘夫人’的支持。”

——杨潇：《素季的国度》[①]

旧广州的夜晚最著名的是长堤一带，那里的路名也令人喜欢和怀旧，像“八旗二马路”，我曾经就这个路名写过一篇小说……想想从前的光景，一个穿着旗袍的年轻女子，在昏暗的灯光下，摇摇摆摆地走着，狭狭长长的马路布满鱼蛋的香味。

——张梅：《夜色依然旧》[②]

清晨，火车缓缓地驶向县城，看到县城里那座桥的时候，我知道，穰县就要到了，这是我旅程的第一站。我曾经在这座桥上看到了世界上最美的月亮。那个黄昏，天色只是将暗，月亮已经升上天空，是一种奇异的淡黄色，如宣纸，中间一抹轻淡的云，清雅圆润，恰如青春的哀愁，有着难以诉说的细致。那年我十三岁，那是我第一次进县城，第一次见到火车，县城给我留下的第一印象就是那轮月亮，有一种难以企及的美感。但是，天色将黑，当我走进县城，在纵横交错的马路上寻找大姐的单位时，我开始惊慌、害怕，我不敢问路，那些悠闲的行

① 杨潇著：《素季的国度》，《南方人物周刊》，2012年第4期。
② 张梅著：《夜色依然旧》，载于《我所依恋的广州》，花城出版社2015年版，第33页。

人身上有一种陌生的东西使我不敢走上前去。在一座楼面前，我徘徊了好长时间，我想进去，我隐约感觉，那应该是姐姐单位附近，或者，那就是姐姐的单位，但是我不敢问。

——梁鸿：《中国在梁庄》①

人类大脑天生就对图像有着更强的识别能力，人们在进行阅读时，会不自觉地根据作者描述，在自己脑海中建构出一个虚拟的场景，以此来帮助理解叙事的内容。这种经过大脑建构的虚拟场景既有空间感、体积感，也有不同的维度。相较于单纯的文字描述，场景建构会给人留下更为深刻的印象。

诺曼·梅勒在《夜幕下的大军》里建构了许多场景，其作品主题也是在各个不同场景的基础上展开的。

如作品第一卷按时间顺序陈述了反战示威事件的发展过程，三个部分的标题分别是“星期四夜晚”“星期五下午”和“星期六的行动”。梅勒并未拘泥于按时间顺序来进行历史陈述，而是通过从一个场景到另一个场景的转换来记录事件的发展。三部分的每一节都集中于一个场景，有梅勒的陋室、自由派的家宴、恩巴萨德影剧院、司法部门前的抗议、教堂前集会、林肯纪念堂的群众场面和五角大楼前示威者的斗争，直至最后监狱以及法庭的审讯场面。整个叙事层次清楚，让读者有身临其境之感。

纪念塔下平平的山包显出一条悦目的曲线，宛如运动场为排水而筑的斜坡。站在这儿看，曲线的线条更加清晰，但效果却大体相同。从华盛顿纪念塔往圆池和带状倒映池步行而下的

① 梁鸿著:《中国在梁庄》,江苏人民出版社2011年版,第3页。

成双成群的人们一点点显露他们的身影——先可以见到他们的帽子在山脊的水平线上或隐或现，然后可以见到他们的脸庞……也许焦点之所以清晰如蚀刻，不外乎是因为梅勒所处的位置低于山梁，所以视线与一双双轻快的脚处于同一水平。然而不仅如此，华盛顿纪念塔芳香的小山上弥漫着一种明显而强烈的欢乐气氛，就像七月四日独立纪念日那天孩子们期待着发射第一枚火箭时的欢乐气氛。他们好似跃马过山，又川流不息地进入战斗……

洛厄尔和梅勒到达山脊之后便转身向右，从华盛顿纪念塔径直往倒映池走去。水池在靠近两岸的丛林带当中穿过，一直延伸到林肯纪念堂的石阶。从那个方向传来回荡在四周的军号声，使人清晰地感到一种既苦又乐的激动。一阵嘹亮的号声，那冲锋的第一声号角，好似经过无数的军号，从南北战争的呐喊声中传了过来。历史战场上的鬼魂今天像团团乌云在华盛顿上空盘旋。

——诺曼·梅勒：《夜幕下的大军》①

## 二、场景建构的意义

场景不仅是为了“描写”才去建构的，每一次场景的转换都应制造出一个“新的意义”。比如A场景的出现，会与B场景产生因果联系；C场景会引出人物的需求和欲望，而D场景则会展现出人物为解决困境而准备采取的办法等。当这些“新的意义”被结合到一起后，就会最终凝聚成故事的主题。

在非虚构写作中，故事主题不能只是通过“概括”和“总结”

① 诺曼·梅勒著，任绍曾译：《夜幕下的大军》，译林出版社1998年版，第95—96页。

来进行提炼，而应通过建构一个一个的场景来加以实现。作者应为读者营造出一个生动的时空环境，制造出一种能够准确贴合文章主题的氛围，通过真实地还原现场，让读者沉浸于场景之中，从而能够更加真切地感受故事。

伦敦在某些地方显得很浮夸。金融城里有一些看起来十分吸引眼球的大厦，这些大厦影响了金融城的光线。伦敦其他地方的房屋大多比较低矮，只有两到三层高，而金融城的楼房都比较高。金融城的一些楼房是中世纪建成的，所以城里有许多狭窄的街道，光线一旦被高楼挡住，这些街道就变得非常阴暗。新的大厦建起来之后，在晴天里它们就好像是巨大的镜子，把光反射到之前没有什么光亮照耀的小街小道上。这种光泛着蓝绿色，因为它们是从那种有色玻璃上反射过来的。这种光通常感觉有点冷，因为没有什么红色的玻璃。但是这种光束都非常集中，看起来特别有戏剧性。

——克莱格·泰勒：《伦敦人：大城市的日与夜》[①]

这幢住宅建成于一九四八年，当时花了四万美元，很大程度上都是克拉特先生自己一手设计的。即使装饰方面并不是那么讲究，却也显示出设计者是个沉着而有眼光的建筑师，现在这幢房子可以值六万美元。成排的中国榆树掩映着一条长巷似的甬道，这座漂亮的白色住宅就位于甬道的尽头，坐落在一片开阔整齐的百慕大草坪上。这是一处霍尔科姆居民艳羡的名宅。室内地板上铺着一方红褐色地毯，松软而富有弹性，减弱

① 克莱格·泰勒著，华苑译：《伦敦人：大城市的日与夜》，湖南文艺出版社2020年版，第171—172页。

了地板的反光，还可以消除地板的噪音；起居室内，设有一张特大的新式长沙发，罩着缀有银色碎点的椅套，客厅一角为早餐区，摆着一张蓝白相间的塑胶制可转动餐桌。这种家具风格正是克拉特夫妇喜欢的，他们认识的绝大部分熟人也都喜欢，那些人家里的布置大体与之类似。

——杜鲁门·卡波特：《冷血》[①]

## 三、场景建构的要求

### （一）准确

大到一座城市，小到街巷里弄，所有场景在建构时都必须做到百分之百的准确，而且还要有生动的细节，因为只有这样，才能够赋予场景以真实、感人的生命力。

大学道54号外面的围墙、铁丝网和铁门都有明显翻新的痕迹，我敲响铁门，对着一扇小窗报出名字。门开了，3个看上去有些腼腆的中年男人把我迎到候客区。旁边台阶上，一只拴住的小猎犬好奇地看着我这陌生人，我认出了这只“全缅甸最著名的狗儿”——2010年11月昂山素季获释时，小儿子金送给她的礼物。

院落不算小，进门左侧是几片被鲜花环绕的草坪，再过去是一栋两层的白色小楼，看上去有些陈旧，和仰光市区那些“摆在特拉法加广场也不显突兀”（Lonely Planet 语）的殖民时期建筑相比，就更加缺乏特色。那正是23年前民主运动的精

① 杜鲁门·卡波特著，夏杪译：《冷血》，南海出版公司2010年版，第7页。

神中枢，也是后来昂山素季被软禁或者半软禁二十多年的地方。

——杨潇：《素季的国度》[①]

我和八位男生待在一间最好的旅舍，其实是一家大茶馆，里间有一些床铺，给公路上经常抛锚的行旅过夜。冬天的夜晚，没有路灯，屋子大而深，有一股阴森森的寒冷。老板安排我住在他们夫妻的外间，刚要收拾床铺时，突然外面传来呼喊说："来了，来了，快收拾起！"

老板惊慌地告诉我们，最近年关难过，山里有些股匪夜里出来到处抢劫，已经来过几次了，给点钱大约可以应付应付，但是这个女学生可不大方便，怎么办呢？

老板娘急中生智，从柜台下面拖出一个很大的、古色古香的长方形木柜对我说："你就藏在我们的钱柜吧！"叫我立刻进去躺平，盖上巨大的木盖，再请一位矮胖的学长打开铺盖睡在上面——我们那时的青年人皆营养不够，大多数都瘦，所以我记得他，他性情开朗，也很英俊。

幸好钱柜把手下面各有一孔，我躺在里面不致窒息。外面呼喊嘈杂的声音，桌椅推翻的声音令我恐惧得心脏几乎停止跳动，来不及想睡在柩材里的恐怖。终于渐渐静了下来，听得出关上木大门沉重的声音，那位余学长掀开钱柜的盖子说："过去了，可以出来了。"

——齐邦媛：《巨流河》[②]

① 杨潇著：《素季的国度》，《南方人物周刊》，2012年第4期。
② 齐邦媛著：《巨流河》，生活·读书·新知三联书店2012年版，第114—115页。

他们将有机会研究一个非常令人困惑的对手——五角大楼具有的一种微妙的力量。它甚至是一幢不设关口的大楼，在平时的工作日看不到任何岗哨。要在大楼内确定任何攻击目标也非常不容易。你所看到的只是一条条清一色的长廊，两边是一扇扇的门；门后边是一间间同样大小的小办公室。所有的长廊都通向一些同样没有特色的大厅。当然，行政部门的入口处朝着北面有一块称作“花草厅”的三角形草坪（它将在这段历史中引人注目），草坪的后面是美国的一些最重要的人物——国防部部长和参谋长——的办公室。在行政墙这边的五个楼层中，四个楼层的大厅里挂着一排排主要和军事，尤其是和海战有关的图画（这种图画几乎可以被当作第二次世界大战期间《星期六晚报》上的插画）。这里的办公室比别处的要大一些，而且设有会客室，还铺着地毯。行政部门走廊两边的墙壁涂有亮度适中的黄色油漆，有不多几处还饰有胡桃色镶板面。即使把所有这一切都考虑在内，五角大楼的室内装潢也谈不上奢侈，谈不上浪费了纳税人的钱财。

——诺曼·梅勒：《夜幕下的大军》①

## （二）氛围

氛围是一种感觉、一种气氛、一种情调，写作者要让读者能够“实实在在”地感受到声音、气味、温度，甚至是物品的质地，从而在不知不觉中产生情感上的变化。

### 1.湿漉的雨境

汪曾祺的散文《昆明的雨》，描写的是一天午后，昆明突然下

① 诺曼·梅勒著，任绍曾译：《夜幕下的大军》，译林出版社1998年版，第240页。

起了雨，作者和西南联大的同学们在一家小酒馆吃肉喝酒的往事。

在汪曾祺笔下，酒馆院子里有一架子的木香花，开得正好，爬在架子上，把院子遮得严严实实的。密匝匝细碎的绿叶、数不清的半开的白花和饱涨的花骨朵，都被雨水淋得湿透了。读者随着他细腻的文字描写，想象出昆明那个湿漉漉的午后，甚至连木香花的香气都真真切切地嗅到了。

> 雨，有时是会引起人一点淡淡的乡愁的。李商隐的《夜雨寄北》是为许多久客的游子而写的。我有一天在积雨少住的早晨和德熙从联大新校舍到莲花池去。看了池里的满池清水，看了着比丘尼装的陈圆圆的石像（传说陈圆圆随吴三桂到云南后出家，暮年投莲花池而死），雨又下起来了。莲花池边有一条小街，有一个小酒店，我们走进去，要了一碟猪头肉，半市斤酒（装在上了绿釉的土瓷杯里），坐了下来。雨下大了。酒店有几只鸡，都把脑袋反插在翅膀下面，一只脚着地，一动也不动地在檐下站着。酒店院子里有一架大木香花。昆明木香花很多。有的小河沿岸都是木香。但是这样大的木香却不多见。一棵木香，爬在架上，把院子遮得严严的。密匝匝的细碎的绿叶，数不清的半开的白花和饱涨的花骨朵，都被雨水淋得湿透了。我们走不了，就这样一直坐到午后。
>
> ——汪曾祺：《昆明的雨》[①]

2.简陋的建筑

沃哥昆是一个仅具备起码安全措施的监狱，围绕四方院的红砖建筑，四方院四周的拱廊上有许多相同的小拱门，晚上甚

① 汪曾祺著:《昆明的雨》,《北京文学》,1984年第10期。

至显得悲戚而巍然，像是模拟修道院的回廊，偶尔也可在州属初级学院的建筑物中看到。它说明，而且突出说明，监狱只有起码的安全措施——这绿色的四方院，回廊一侧的男子牢房——无疑最初的集中营一定是属于这一类型。

——诺曼·梅勒：《夜幕下的大军》①

3. 喧嚣的法庭

火车的汽笛声，圣达菲铁路上的快车驶近时发出的呼啸传到了法庭上。伴随着这种呼啸，塔特法官用低沉的声音读道："第一项指控，我们陪审团认为，被告查德·尤金·希科克犯有一级谋杀罪，判处死刑。"

…………

"——判处死刑。"每次读到这里，塔特的语调就变得特别沉重、幽远，仿佛是要呼应火车渐去渐远的呼啸。

——杜鲁门·卡波特：《冷血》②

4. 幽静的院落

他工作的小院儿在冷宫里，隶属于故宫博物院文保科技部。

一道斑驳的红墙，一边游人鼎沸，一边可以听蝉鸣。院门没关，两只黑黄斑点的肥猫趴在房檐下的阴凉处，瞅到有生人进来了，懒洋洋地叫了两声，又低下头，各自发呆去了。

正房是王有亮的工作室，四五十平方米的屋子里没有隔断，正中摆一张巨大工作台，上面搁着七八件故宫和其他地方

① 诺曼·梅勒著，任绍曾译：《夜幕下的大军》，译林出版社1998年版，第185页。
② 杜鲁门·卡波特著，夏杪译：《冷血》，南海出版公司2010年版，第288页。

博物馆送修的青铜器，有新有旧。

赶巧屋里人都出去忙了，就王有亮捧着杯水，正跟桌上一件悬着青铜铃铛的器物大眼儿瞪小眼儿，仿佛参悟着什么。

——刘冕：《王有亮：守护青铜时代》[1]

5.辽阔的牧场

在吉尔阿特，站在最高的山顶上四面张望，也看不到一棵树，看不到一个人。光秃秃的沙砾坡地连绵起伏，阴影处白雪厚积。遥远的羊群孤独缓慢地蔓延在半山坡上，倾斜的天空光滑而清脆。吉尔阿特的确是荒凉的，但作为春牧场，它的温暖与坦阔深深安慰着刚从寒冷遥远的南方荒野跋涉而来的牧羊人的心灵。

还不到五月，卡西帕就换上了短袖T恤，在微凉的空气中露出了健康明亮的光胳膊。我们拎着大大的编织袋去南面山谷里拾牛粪。我们小心地绕过沼泽，沿着陡峭的山脚石壁侧身前行。

阳光畅通无阻地铺满世界，戈壁滩阴冷的地气在阳光的推进下，深暗而沉重地缓缓下降，像水位线那样下降，一直降到脚踝处才停止，如坚硬的固体一样凝结在那个位置，与灿烂阳光强强对峙。直到盛大的六月来临后，那寒气才会彻底瘫软、融解，深深渗入大地。

无论如何，已经是春天了。戈壁滩上白色的芨芨草丛稀稀拉拉扎出了纤细的绿叶，细碎的灰绿色点状叶片零零星星冒出大地。尤其在水流和沼泽一带，远远看去甚至已经涂抹了成片成片的明显绿意。但走到近处才发现，那些绿，不过是水边苔

① 刘冕著：《王有亮：守护青铜时代》，《北京日报》，2016年9月20日。

藓和微弱的野草。

流经我们驻扎的山坡下的那条浅浅溪流就是从这条山谷里的沼泽中渗出的，由于附近的牲畜全在这片沼泽边饮水，山谷里的小道上和芨芨草丛里遍布着大块大块的牛马粪团。我们一路走去，遇到看上去很干的，先踢一脚，其分量在脚尖微妙地触动了一下，加之滚落时的速度和形态，立刻能准确判断出它是否真的干透了。干透的自然拾走。没干透的，那一脚恰好使它翻了个面，潮湿之处坦曝在阳光下，加快了最后的水气的挥发速度。这样，在回来的路上或者第二天路过时，再踢一脚就可以把它顺手拾起丢进袋子里了。

——李娟：《荒野来客》[①]

### （三）时间

时间是用来描述事物运动或事件发生过程的一个参数。

非虚构写作叙事过程中的时间分为两种：一是“故事时间”，即故事本身发生的时间；二是“叙述时间”，即作者进行文本叙述的时间。

时间不仅可以保证故事的新鲜性与及时性，而且还能从一个侧面提供故事发生的背景，激发读者的阅读兴趣。

2月19日晚，经过6个小时的飞行，中国工程师龙晓伟终于回到了阔别9个月的家乡西安。仅仅在5天前，他的身份仍是巴基斯坦塔利班武装分子的人质，身陷囹圄167个日夜。

当龙晓伟坐着轮椅出现时，亲友们不禁相拥而泣，而龙却保持了惊人的克制和冷静，直至2天后在医院与难友张国相逢

① 李娟著：《荒野来客》，《上海文学》，2010年第10期。

时，这个憨厚的农村青年才号啕大哭起来。

龙、张二人是中国中兴通讯股份公司派驻巴基斯坦的外包工程人员。2008年8月29日两人在外出执行任务返回途中被当地塔利班武装力量绑架。

——叶伟民：《身陷塔利班：中国工程师生死“越狱”》[①]

## （四）空间

写作者要像优秀的摄影师一样时刻保持“镜头意识”，要通过巧妙的叙事让读者有空间感。因为只有建构起具有体积和维度的场景，才能让读者产生强烈的感官体验，从而达到震撼人心的效果。

鲜少有人知道，在长江入海口有一片泥沙冲积的平原，是我国的第三大岛崇明岛。它也是世界上最大的河口冲积岛，中国最大的沙岛，有着中国最优质的湿地之一——东滩候鸟保护区。

我家就在崇明岛中心城镇城桥镇的西北角的一个村庄里。崇明隶属上海市，出了上海市，我们被称为上海人，但在上海市内，我们被叫作“乡下人”——当然，我们也从来不把自己当上海人，自称为崇明人，把去市中心叫作“去上海”。

这也不能怪我们，在2009年上海长江大桥开通之前，崇明人要去一次市里，简直是千难万难。我小时候从崇明南门码头坐轮渡去宝山吴淞码头，单程就要一两个小时，有雾，船不能开，风大，船不能开……但凡天气恶劣一点，岛上就与世隔绝了。要去市内办点事情，还得事先订个旅馆。这对于收入比较

① 叶伟民著：《身陷塔利班：中国工程师生死“越狱”》，《南方周末》，2009年3月4日。

低的岛民来说，简直太糟心了。那时崇明和上海市区差距非常大，市区早已高楼林立，崇明却还是旷野千里；市区车水马龙，地铁1号线都快要通了，而崇明的公交车一等就要等将近一个小时；市区街上的白领们行色匆匆，崇明的老农民们还在面朝黄土背朝天。对于岛民来说，上海简直像是另外一个世界，一个幻梦，充满诱惑，却很难抵达。

——米丘：《候鸟般飞往上海的崇明岛人》①

### （五）对话

在非虚构写作中，对话除了用来塑造人物和推动情节发展外，还有一个重要的功能，就是用来建构、烘托和渲染场景。通过让人物充分发声，可以很好地还原故事“本来的状态”，从而让故事希望表达的东西能在“本来的状态”下得到自然呈现。

“为什么会如此钟情于萨拉热窝呢?”在塞尔维亚南部旅行时，我曾问一个波兰青年。他来自另一座历史名城克拉科夫，每年夏天都会到萨拉热窝住几天。“萨拉热窝太多姿多彩了！它的城市形态是杂糅的、文化是交织的，不像很多欧洲城市充满了一种稳定的、安逸的无聊。”他回答。

——镜子：《萨拉热窝没有枪声》②

陈家铺村民并不姓陈，整个村子都姓鲍，与附近的村子类似，都是从外县迁过来。如今山顶的常住居民，已不到百人。年轻人出去打工，孩子们也在县城念书。目之所及，均是留守

① 米丘著:《候鸟般飞往上海的崇明岛人》，人间 the Livings，https://www.163.com/renjian/article/GPDJD7C1000181RK.html.

② 镜子著:《萨拉热窝没有枪声》,《南方人物周刊》,2018年第28期。

的中老年劳力。

“交通不便，人烟稀少。书店开在这里，太奢侈了吧？能长期为继吗？”不独是我在心里暗忖，好些人都这样问过。

“它（书局）正好像一个书的背脊，山洼像两本书的书页，书页上落满了星空的文字。陈家铺虽然贫乏，但却是流淌着奶和蜜的土地，是一片丰饶之海。”钱小华如是说。

——邓郁、顾杰：《钱小华：书业堂吉诃德与他的乡村梦》[①]

### （六）情绪

情绪是指人们对待客观事物的态度体验以及相应的行为反应。人们的内心情绪总会伴随着一些外在的表现，比如在面部表情、身体姿态、语音语调以及肌体器官等方面发生的变化。

非虚构写作应展现出人物对外部环境和事件最真实、最有个性的感受。

在老舍的小说《骆驼祥子》里，假装怀孕的虎妞找到祥子，告诉他自己已经怀孕了。此时作者用细腻的笔触，描写出祥子内心的痛苦、无助、绝望却又无法摆脱的情绪。

到了桥头上，两面冰上的冷气使祥子哆嗦了一下，他不愿再走。平日，他拉着车过桥，把精神全放在脚下，唯恐出了错，一点也顾不得向左右看。现在，他可以自由地看一眼了，可是他心中觉得这个景色有些可怕：那些灰冷的冰，微动的树影，惨白的高塔，都寂寞的似乎要忽然的狂喊一声，或狂走起

① 邓郁、顾杰著:《钱小华:书业堂吉诃德与他的乡村梦》,《南方人物周刊》,2018年第28期。

来！就是脚下这座大白石桥，也显着异常的空寂，特别的白净，连灯光都有点凄凉。他不愿再走，不愿再看，更不愿再陪着她；他真想一下子跳下去，头朝下，砸破了冰，沉下去，像个死鱼似的冻在冰里。

——老舍：《骆驼祥子》[①]

1.难舍难分

整个窑湾村的人都来了。有人打着红色横幅，有人帮着扛包裹，县电视台的，业余拍照的，从北京前来采访的。人群从四面八方赶来，也许闲着的人都来了。方诗伟和他一大家子亲戚（六个姑姑和家人）最后一次穿过大南门，走下石梯，上了通往趸船的铁板桥。到处都是“悲壮而亲切”的横幅。检票口挂着“移民朋友您好”，轮船上挂着“舍小家，顾大家，为国家”。方诗伟的胸前挂着黄色的“移民证”。然后他们上了船，站在栏杆前，岸上乌泱乌泱的人。他的朋友，邻居，那些留守的人，无论认识不认识，都挥着手。他的老婆开始哭起来，他也红了眼睛。他说，“那就像拍电影一样，生离死别似的，谁知道以后还会不会回来?”

——谢丁：《回迁三峡》[②]

2.痛苦自责

我母亲完全不能接受幼子突然死亡的事实，哭泣自责，渐渐陷入精神恍惚的状态。在传统社会，一个年轻媳妇“没事”就哭，是很不吉祥的事，她只有趁黄昏伺候了晚饭后，在夕阳

① 老舍著:《骆驼祥子》,载于《老舍精选集》,北京燕山出版社2015年版,第65页。

② 谢丁著:《回迁三峡》,载于刘蒙之、张焕敏著:《非虚构何以可能:中国优秀非虚构作家访谈录》,中国社会科学出版社2018年版,第168—169页。

余光中躲到牧草丛中哭泣。后院空地上长满了一人高的牧草，从春天雪融时的嫩绿到降雪时的苍茫，庇护着她压抑的哭声。雪融之后，她还带着我去一里路外的祖坟，扑倒在我弟弟那小小的新坟上痛哭。我记得祖坟四周种了松树，在初春的风中猛烈地摇晃，沿着老坟周围则开满了粉红色的花，在我母亲哀切幽咽的哭声中，我就去摘一大把花带回家，祖母说那是芍药花。

…………

母亲从祖坟回家后，常呆呆傻傻地坐在炕沿，双眼茫然看着窗外，连祖母喊她有时都听不见。每年清明上坟之后，大地解冻，生出许多蕨草，有一种名叫“曲末菜”，苦涩鲜嫩，村中女子都去小河对岸荒地挖曲末菜，我当然高兴跟着。到了荒地，看一阵阵人字形的雁群由南方飞回，雁声凄楚。母亲常常站起来，痴望许久，等人都走光了才回家。

——齐邦媛：《巨流河》[①]

3. 伤心绝望

人已被捞了上来，一名女性紧紧抱着尸体，一边用手捏青年鼻子里不停冒出来的白沫，一边撕心裂肺地哭着。青年瘦长个，眼睛紧闭着，脸部、身体已经发青，从眉眼来看，是一个相当帅气的小伙子。一个男性不顾人们的阻拦，拼命地按压青年的胸部，做人工呼吸，发现无望之后，哭了一会儿，又继续做，仿佛是为了安慰自己内心的伤痛。陆续又有许多人跑了过来，又是一阵撕心裂肺的哭声，一些围观者也悄悄地擦着泛红的眼睛。

① 齐邦媛著：《巨流河》，生活·读书·新知三联书店2012年版，第10—11页。

不知道为什么，从小就被称为“尿泡眼”，并且至今为止一听到哭声就忍不住流泪的我，当时却没有眼泪。有些麻木，有些疼痛，也有说不出的苦恼，仿佛有一层迷雾遮住了我通往乡村的道路。

——梁鸿：《中国在梁庄》[①]

① 梁鸿著：《中国在梁庄》，江苏人民出版社2011年版，第42页。

第四讲

# 非虚构写作的人物塑造

> 我会被谜一样的人，被那些我可以看着他说“如果我了解这个人，我就会了解这个国家或这个历史时刻或这种经历的某些情况”的人所吸引。
>
> ——简·克莱默[①]

## 一、人物类型

### （一）艺术人物

艺术人物是指小说或戏剧中被描写的人物。

人物是组成艺术形象的主体与核心，叙事性文艺作品大多是通过对人物、人物的活动以及人物之间相互关系的描写，来刻画人物性格、塑造人物形象、揭示生活意义和展现人物理想的。如阿Q、贾宝玉、葛朗台等，都是经典的艺术人物。

---

① 转引自罗伯特·博因顿著，刘蒙之译：《新新新闻主义：美国顶尖非虚构作家写作技巧访谈录》，北京师范大学出版社2018年版，第160页。

### （二）典型人物

典型人物是指在某方面具有典型性、代表性的人物。

典型人物具有某一个时代、民族、地域、阶层的人物所共有的属性，它既可以是小说等叙事性文学作品所塑造的人物形象，也可以是现实生活中真实存在的人物形象，如雷锋、莫言、钟南山等。

## 二、新闻人物

新闻人物是指具有新闻价值、能够引起社会广泛关注的人物，他们身上常常会被打上很深的时代烙印。

在新闻写作中对新闻人物的刻画一直占据着极为重要的位置，这是因为人物报道所反映的时代精神和风貌具有强烈的示范效应，读者通过阅读人物报道，不仅可以了解各行各业的现实状况，还能够为自己的人生发展寻找到参照系。不过人物报道虽然新闻价值很大，但如何才能摆脱传统报道方式和手段的束缚，将新闻人物写得生动鲜活，则一直是人物报道模式创新的重点和难点所在。

在相当长的一段时间里，我国媒体上的新闻人物基本上都是典型人物，他们或是创造了一般人难以创造的成绩，或是具有全社会所共同推崇的优良美德，或是时代英雄、民族栋梁和国家骄傲，人物报道的新闻价值一度被宣传价值所掩盖。

20世纪40年代是典型人物报道的初创时期，涌现出了吴满有、赵占魁、张思德、刘胡兰和董存瑞等广为人知的劳动模范和战斗英雄。

20世纪五六十年代是典型人物报道的探索时期，出现了一批

> 这个世界上，除了自己，其他人都是以什么方式生活，他们的经验和态度等。了解这些，都是为了让我们更好地去应对自己的生活。所以读别人的故事，不能只是读读就完了，得想想他们为什么成为他们，我还能成为谁？
>
> ——谢丁①

具有广泛影响的社会主义建设英雄和劳动模范，如雷锋、王进喜、焦裕禄等。

20世纪70年代的“文革”期间，新闻人物推崇“反潮流”，如“白卷英雄”张铁生、“革命小闯将”黄帅等。

20世纪八九十年代，新闻媒体推出了朱伯儒、张海迪等以弘扬爱国主义、集体主义和无私奉献精神为主的典型人物。

20世纪90年代后，随着社会阶层日渐复杂，人物报道所涉及的领域也越来越广，媒体有关人物报道的形象建构开始朝多元化方向发展。

进入21世纪后，人物报道增添了大量的“新闻性”内容，媒体既聚焦那些倡导社会主旋律、引领社会正能量的典型人物，也开始关注一些带有争议性的人物，甚至还有一些“反面典型”，同时媒体也将目光投向了弱势群体和社会边缘人物。

## 三、非虚构写作中的人物

非虚构写作选择的人物与一般新闻报道选择的人物在取舍标

① 转引自刘蒙之、张焕敏著：《非虚构何以可能：中国优秀非虚构作家访谈录》，中国社会科学出版社2018年版，第167页。

> 我们应该创作出丰满的人物形象，在这些人物身上，读者能看到自己的影子，因而更加关心发生在人物身上的故事。
>
> ——伊莎贝拉·威尔克森①

准上并不完全一致，它更强调人物自身所具有的“故事性”，即能否通过聚焦人物命运的变化，来展现人类生活中“最本真”的那一面，甚而通过个人的经历来辐射整个国家和民族的变迁。

在非虚构写作者看来，所谓“人物”，其实质就是价值观、信念、行为和其他所有物的总和。每个人都在用各自不同的方式观察、表达和行动，因此每个人都是一个与众不同的独特个体。非虚构写作所选择的人物应该有回忆，有历史，有欲望，有挣扎，有感悟，要能在整个叙事中起到主导和掌控的作用。

非虚构写作塑造人物的主要目的之一，就是为了能更加生动地进行叙事，能更加流畅地推动情节的发展，因此与人物无关的任何细节，无论多么引人入胜，只要不能达到这一目的，都只能弃而不用。

杜鲁门·卡波特的《冷血》，为我们勾勒了迪克和佩里这两个罪犯丑陋、阴狠的相貌：迪克的脑袋“就像一个苹果切成两半再组合起来，但果核去掉了”；而佩里则刺有文身，并拖着一条“五处受伤、伤痕累累的短小肥腿”。

比起体格和遍身的文身，迪克的脸给人的印象更为深刻。

① 转引自《有在创造非虚构文学的看这里》，简书，https://www.jianshu.com/p/a2d083d6a2d8.

那是一张各个部分搭配错位的脸。他的脑袋就像一个苹果切成两半再组合起来，但果核去掉了。事实上，他曾出过事，不对称的五官是一九五〇年一次车祸的结果。那次车祸把他的长下巴和窄脸撞歪了，左半边脸比右半边低，因而嘴也有点斜，鼻子也歪，而他的两只眼睛不但不在一条水平线上，连大小也不一样了。左眼狭长上翘，透着毒蛇般阴险的蓝光，当他瞟人一眼时，虽出于无意，却清楚地反映了他恶毒的本性。但是，佩里曾对他说："眼睛并不重要。因为你有一个迷人的微笑，这一笑真起作用啊。"的确，微笑的动作使他的五官回到了正确的位置，让人觉得他没有那么阴险，再加上他的平头，使他看起来倒像个典型的美国"好小伙"：健全但并不聪明。（实际上，他智商很高。在监狱中他接受了智商测验，分数高达一百三十；平常人的智商，犯人或非犯人，得分在九十到一百一十之间。）

佩里也一样有残疾，他在一次摩托车车祸中受的伤，比迪克还要严重。他在华盛顿州立医院住了半年，出院后又拄了六个月的拐杖。虽然这起车祸发生在一九五二年，但那条五处受伤、伤痕累累的短小肥腿令他疼得成了阿司匹林成瘾者。他的文身比迪克少，但却更为精致，不是那种业余爱好者自我陶醉的作品，而是经过檀香山和横滨文身大师的精心设计。"小甜饼"是他住院时一个对他很好的护士的名字，他把它刺在了右臂二头肌；在左臂二头肌上刺着一只蓝毛、黄眼、红牙、正在咆哮的老虎；胳膊上刺着一条盘在匕首上、正在吐信子的蛇；身上其他地方有着隐约可见的骷髅、墓碑以及盛开的菊花。

——杜鲁门·卡波特：《冷血》[①]

① 杜鲁门·卡波特著，夏杪译：《冷血》，南海出版公司2010年版，第29页。

## 四、圆形人物和扁形人物

### （一）圆形人物

圆形人物是指文学作品中具有复杂性格特征的人物，他们往往是“多义”与“多变”的人物。

圆形人物的性格比较丰满、立体、复杂，基本上都有一个较为稳定的性格轴心，同时又呈现出其他的性格侧面和性格层次。这些不同的性格侧面和性格层次相互交融，便构成了一个丰满、精彩的人物形象，从而揭示出人物性格的变化与人性的复杂。

一般来说，圆形人物都是作者花费大量笔墨着力描写的对象，其性格轴心以及多侧面、多层次的性格特征，只有在不断变化的环境和复杂的矛盾关系中才能逐渐得到显现，因此对于圆形人物的塑造和挖掘，已成为每一位非虚构写作者必须特别重视的事情。只有让人物的性格稳定又不凝固，给人一种“流动感”，才能让读者与人物产生共鸣，从中得到裨益和教化。

由于圆形人物打破了“非好即坏”的简单“二分法”，因而能够更真实、更深入地揭示人性的复杂性和丰富性，从而具有更高的审美价值。

《红楼梦》中“金陵十二钗”之一的王熙凤，是一个集聪慧、能干、狠毒、欲望于一体，有着鲜明个性的圆形人物：

> 她很能干，身为荣国府管事，能将偌大一个家庭掌管在手中，打理得井井有条，能力自不必多说。

她很聪明，深谙人心，善于拉拢，有很好的人缘。

她极为狠毒，“嘴甜心苦，两面三刀，上头一脸笑，脚下使绊子，明是一盆火，暗是一把刀”。

她对金钱和权利有着强烈的欲望，比如她借职务之便，利用“时间差”拿公银出去放利吃息，利用贾府关系替人买通官司、制造冤案等。

写作者应对掌握的大量人物背景资料进行认真整理和分析，在采访过程中要尽可能多地进行细致观察和信息求证。只有这样，才能了解到不为一般人所知的、准确且富有特征的人物故事，也才能为读者呈现出一个有血有肉、有强烈个人特质的圆形人物。

广告在当地的华人网上一发，一名20多岁的年轻姑娘来看房。她姓厉，文质彬彬，名字和气质很搭。小厉给我看了一张美国名校的学生证，说自己在美国念书，才来加拿大，一直借住朋友家，不好意思打扰朋友，所以才出来租房子。

她说，老公是程序员，在一个软件公司上班，她自己在家照顾两个孩子，她有洁癖，会对房子的清洁很在意。另外，她是素食主义者，老公要烧荤菜，所以得把地下室一起租下，他们才能分开做饭。

名校毕业，知识分子，爱干净，又是中国人，简直是我理想中的完美租客。我当时的英语单词量不超过200个，也就没想到让小厉提供雇主信和信用记录什么的，再者，她刚来加拿大，也不可能有前任房东的推荐信。

小厉见我不怎么懂出租，很善解人意地说：“我很熟悉租房，我来填政府的租房协议，一切弄好了给你，你就只管签字就好。”

当天晚上11点，小厉打印了标准合同带过来，她一一填好，交给我签字。

我把合同在微信上发给朋友看了看，朋友说“政府的格式合同，应该没啥问题”，夜深了，也不好再找其他人过目。

合同从2018年10月22日签到2019年10月21日，租金是3700加元，房客自己交水电气。我听人说还要填个“房屋入住状况检查表”，就对小厉说：“你自己检查一下房子有没有啥问题，把房屋入住状况检查表给我啊。”——可能小厉是忘了，这张“房屋入住状况检查表”，我再也没有拿到。

我把字一签，小厉一家就搬进去了。过了几天我从自家房子经过，看到每个窗户都雾蒙蒙的，不知道是怎么回事，微信问小厉，她让我进门看，“哎呀，长霉菌了呀”。

我有点肉痛，跟小厉说：“你要开窗通风呀，不要开了空调就不通风……”

小厉却反过来怪我：“你这房子在长霉菌，把我宝宝脸都感染了！”

这次不快的沟通后，我意识到小厉似乎并不像她的外表那样好惹，不敢再直接和她打交道了。

——思思妈妈：《在北美收租，我惨遭租客普法》①

### （二）扁形人物

扁形人物是指性格较为简单、鲜明和突出的人物，他们身上常常具有一些比较夸张的性格特征。

① 思思妈妈著：《在北美收租，我惨遭租客普法》，人间 the Livings，https://www.163.com/renjian/article/GMTIHV9F000181RV.html.

扁形人物由于性格抽象，很容易被读者辨识和记忆，因此具有一定的典型意义，可与圆形人物形成互相对照的关系，可在某种程度上起到烘托圆形人物的作用，还可以更加直观地表达作者的好恶褒贬。不过，由于扁形人物性格过于单一，性格内涵不够丰富，因此缺乏能够让读者进一步思考的空间。

一篇成熟的故事叙述既需要以圆形人物为中心，又需要以扁形人物为辅助。只有这样，作者所要揭示的人性缺陷、矛盾和变化才能与读者产生共鸣，这样塑造出来的人物也才能真正得到读者的认可。

在现代京剧《沙家浜》里，扁形人物给观众留下了极为深刻的印象：

阿庆嫂（茶馆掌柜）——泼辣圆滑，机智灵活，不卑不亢。

胡传魁（忠义救国军司令）——江湖习气，无能草包。

刁德一（忠义救国军参谋长、军统特务）——阴险狡猾，诡计多端。

法国作家巴尔扎克的小说《欧也妮·葛朗台》，刻画了一个名叫葛朗台的富有商人，虽拥有万贯家财，为人却极其吝啬，甚至就连自己的妻女，在他眼里也不如一枚金币的分量重，“葛朗台”这一文学形象也因此成了“守财奴”的代名词。

“看住金子，去拿一些来，放在我面前。”

欧也妮在桌上放开几枚金路易，老头儿就像刚学会看的孩子傻盯着同一件东西，定睛看那几枚金路易，一看就是几个小时；他也像孩子一样，不时地露出一个吃力的微笑。

“这东西暖我的心窝，”他喃喃说道，偶尔脸上还露出一种无比舒坦的表情。

当本堂神父来给他做临终圣事的时候，他那双显然已经死去几个小时的眼睛，一见银制的十字架、烛台和圣水壶，忽然复活，目不转睛地盯住这些圣器，鼻子上的那颗肉瘤也最后动了一动。当教士把镀金的受难十字架送到他的唇边，让他吻吻上面的基督时，他做了一个吓人的动作，想把它抓过来，而这最后的努力耗尽了他的生命；他叫欧也妮，尽管她就跪在他的床前，他却看不见。欧也妮的眼泪淋湿了他已经冷却的手。

“父亲，您要祝福我吗?”她问。

“万事要多操心。以后到那里向我交账。”他用这最后一句遗言证明基督教应该是守财奴的宗教。

——巴尔扎克：《欧也妮·葛朗台》①

## 五、人物塑造技巧

### （一）形象

形象是指人物的脸型、五官、发型、身材、肤色、衣饰和风度等。人物形象不仅体现在衣食住行等个人生活层面上，它也是人物社会认知感的外在表现，在相当程度上反映了人物个人素养的真实状态。因此，形象既是个人发展的需求，也是社会发展对于个人的要求。

① 巴尔扎克著，李恒基译：《欧也妮·葛朗台》，译林出版社2003年版，第163页。

每一个人都是变幻莫测和难以捉摸的，都会有属于自己的历史和回忆，都会有对于自己未来命运的不确定感。写作者只有将人物“形象化”，才能有助于引领读者进入人物的内心世界，从而更加深刻地认识和理解人物。

读者需要通过写作者详尽的细节描写，在自己头脑中建构出人物形象，并一直沉浸在由这些形象所组成的故事之中。

1.海上考古的学者

船头，一位独臂老人迎风矗立。

看上去，他就是一个地道的渔民。他戴着一顶被汗水渍黄的草帽，白衬衣已是邋遢不堪，一条无所谓脏还是干净的蓝裤子。一阵大风吹来，刮掉了草帽，露出他蓬松凌乱的花白头发来。没有了遮掩，那张被南海炙热的太阳烤焦的脸显得异常的执着和倔犟。如果说他与渔民还有些区别的话，就是他那一米七九的个子和他那副看上去不太协调的深度眼镜。海南岛原住渔民少见他那么大的个子，更不可能近视。再就是他那随和又不失矜持的教授风度。

这是一个古怪的老头。他九十年代初期开始，独自对南中国海的南沙群岛和西沙群岛进行了系统的考古研究。他的研究成果引起了国内外的广泛关注。

——卢跃刚：《王恒杰传奇》①

2.蓬头垢面的农妇

一个面色焦黄的女人，垂着头，扶着墙，吃力地迈过门

① 转引自《中国作家杂志社》主编：《卢跃刚·下·重点作家卷》，光明日报出版社2002年版，第328页。

槛，一步一步从里面挪出来，她冲我咧了咧嘴，无力地坐在角落里的小木椅上，不再抬头。蓬乱的头发，盖着浮肿的脸。已是六月天气，她还穿着旧棉衣，灰色的破棉絮，从两边袖口耷拉出来，肥大的旧裤子，补着颜色不相称的大补丁。聚拢来的乡亲，都用怜悯的眼光看她。写信的陈长佼告诉我："这就是我五婶。"

——蔡平：《五叔五婶》①

3.青春靓丽的少女

她戴着一顶时髦的草编凉帽，伴随着高跟鞋嘎嘎的声音，蹦蹦跳跳地踩进屋，10个指甲荧光绿和亮色黄两种鲜艳的夏日色系，白底花格衬衫，笑容如花，一个含苞待放的少女模样。

——张卓：《黄雅莉：如果能再唱到云端》②

4.落魄潦倒的文人

二十七岁的英语教师拉里·亨德里克斯住在教师公寓的顶楼。他喜欢写作，但他的公寓对于一个立志成为作家的人来说不是理想之地。他的房子比基德维尔家的还小，而且他要和妻子、三个活泼好动的孩子以及一台永远都开着的电视机分享有限的空间（只有如此，才能让孩子们安静下来）。年轻的亨德里克斯生于俄克拉荷马州，曾在海军服役，很有男性气概，他嘴角叼着烟斗，留着胡子，一头乱蓬蓬的黑色头发，虽然还没发表过作品，但至少看起来有点文人的样子。事实上，他的打扮颇有几分他最崇拜的作家海明威年轻时的样子。为了弥补当

① 蔡平著：《五叔五婶》，《中国青年报》，1995年6月29日。

② 张卓著：《黄雅莉：如果能再唱到云端》，《人物》，2012年第7期。

老师收入的不足，他还给学校开校车。

——杜鲁门·卡波特：《冷血》①

5.精神矍铄的船工

撑船的是一个将近六十岁的老头子，船是一只尖尖的小船。老头子只穿一件蓝色的破旧短裤，站在船尾巴上，手里拿着一根竹篙。老头子浑身没有多少肉，干瘦得像老了的鱼鹰。可是那晒得干黑的脸，短短的花白胡子却特别精神，那一对深陷的眼睛却特别明亮。很少见到这样尖利明亮的眼睛，除非是在白洋淀上。

——孙犁：《芦花荡》②

6.略显老态的画家

陈丹青老了。

年轻时自负一双好眼睛，目力炯炯，现在不行了。模特站在两米远，他得凑近了才辨认出她眼珠的颜色。暮色四垂，陈丹青还在调色板上勉力调弄，但他看不清楚到底是什么色彩。"我现在真的是靠经验在工作。"

——蒯乐昊：《陈丹青：艺术是讲不完的》③

## （二）目标

目标是指由人的本性所产生的、希望达到某种目的的要求。

目标是人们对活动预期结果的主观设想，是在人的头脑中形成的一种主观意识形态。

非虚构写作中的人物所要实现的"目标"，是指那些驱使人物

① 杜鲁门·卡波特著，夏杪译：《冷血》，南海出版公司2010年版，第57页。

②《孙犁小说名篇》，时代文艺出版社2003年版，第98页。

③ 蒯乐昊著：《陈丹青：艺术是讲不完的》，《南方人物周刊》，2018年第24期。

> 通常使故事发展下去的重要特征是欲望（desire），人物有需要、欲望，因此形成目标，然后，叙事的发展即是达成目标的过程。
>
> ——大卫·波德维尔、克里斯汀·汤普森[①]

展开行动的内生动力。目标是人物塑造能否取得成功的关键所在，目标推动着故事发展。目标越远大，人物的故事就越复杂；目标越具体，越具有丰富性和复杂性，人物的故事就越跌宕起伏、引人入胜。

美国电影《拯救大兵瑞恩》讲述的故事是：

“二战”末期盟军在诺曼底登陆期间，美国公民瑞恩家4个在前线参战的儿子中，除隶属于101空降师的二等兵、小儿子詹姆斯·瑞恩下落不明外，其他3个儿子均陆续战死。美军高层得知此事后，出于人道主义考量，命令前线部队组织一支由8人组成的小分队，在枪林弹雨中找到生死未卜的詹姆斯·瑞恩，并将他平安送回后方。

拯救任务落在了约翰·米勒上尉身上，刚刚经历过诺曼底登陆惨烈激战的米勒顾不上歇息，便立即组建了一支小分队，长驱直入敌方占领地带，在广阔地域中开始寻找瑞恩。

小分队进入敌区后，各种困难和危险扑面而来：人力和装备严重不足，对语言与地形不熟悉，还有路边、墙角随时埋伏着的危险敌人。面对身边战友一个个地倒下去，他们开始怀疑这项任务的合理性。但小分队最终还是找到了瑞恩，并将他带离了战场。

① 大卫·波德维尔、克里斯汀·汤普森著，曾伟祯译：《电影艺术：形式与风格》，北京联合出版公司2015年版，第13页。

由于故事设定的“目标”完成难度大且极具危险性，而米勒上尉领导的小分队实现“目标”的愿望又非常强烈，因此这一“目标”的确立，对塑造人物形象具有很好的支撑价值，对于观众来说，故事也就愈加具有吸引力了。

目标的不断变化，会推动故事不断地向纵深发展。

钱杨的《克瑞斯·巴登与狗》一文，讲述了外国人克瑞斯·巴登在中国领养流浪狗的故事。

巴登最初的想法，是尽其所能照顾好那些被遗弃的流浪狗。而当这一愿望渐渐得到满足后，他又开始有了新的想法，要让这些狗能过得更好些。于是便产生了新的矛盾：在连自己生活都过得不太顺心的情况下，又如何才能让这些狗过得更好呢？这一矛盾推动着故事向前推进，人与狗的矛盾最终一步步地演变成人与人的矛盾。巴登不仅要与那些弃狗人士发生争执，而且他自己的内心也开始变得纠结起来。究其原因，主要还是巴登为自己设定的目标在不断发生变化使然。

> 那天之后，他从一个自由作家变成了全职流浪动物救助人。他和东兴动物医院的韩霜医生一起神头担下了其中89只狗的治疗和后续救助，成为此次行动中，除中国小动物保护协会之外最大的救助方。
>
> 最开始，一切看起来都不错，所有人似乎都不计代价地付出着。克瑞斯还赞美他的战友和朋友们为“全世界最厉害的志愿者和慈善家”。
>
> 救助和领养过程漫长而艰难，问题渐渐出现，集中指向“钱”和“救助理念”等几个关键词。院方压力大，没人结账，

此前声称负责到底的腾讯，因为医院不能给出清晰资金去向而不愿继续支持。

志愿者多而分散，没有领导核心，甚至分出派别，互相指责。

89只狗中大部分存活，少数因重伤或感染狗瘟死去。克瑞斯对活下来的狗极有感情，称它们为“4·15毕业生”。但5月底的时候，仍有十几只狗没有找到合适的领养家庭。

最大的分歧在于“狗的去向”。有的人主张送回农村，给农户做看门狗，这让克瑞斯无法接受，他对于领养人的资格审核、狗的最终去向要求很高，而且执行起来近乎苛刻。

战线拖得太长，所有人都有各自崩溃和退却的理由。他渐渐发现，有些狗去向不明，不见了。有些志愿者私自把狗给了出去，没跟他说。他问起来，有人回答他“死了”，但是说不清楚是怎么死的。

克瑞斯决定自己接管这些狗，他在北京顺义一个村子里租了个废置的农家大院，把剩下的狗全部接走，包括其他无人认领的流浪狗，总共34只。

“那天是11月1日，下着小雨”，克瑞斯回忆起让他走上“不归路”的日子：傍晚的时候，志愿者帮完忙都走了，他关上大门，转过身去，整个院落只剩下他，还有那些望着他的狗。

后来，他在博客上这样写道：“我捡起了一个球，但不知如何朝前带它。”可他安慰自己：“先行动起来，会有好人来帮我的吧。”

——钱杨：《克瑞斯·巴登与狗：孤独之队》[①]

① 钱杨著:《克瑞斯·巴登与狗:孤独之队》,《人物》,2012年第12期。

### （三）身份

身份是指人的出身和社会地位，它对应着一定的文化背景、道德准则和行为规范。构成身份的主要元素有：籍贯、年龄、性别、职业、职务、辈分、资历、等级以及内外关系、亲疏关系、上下关系等。

每一个人都会有多重身份，青年、大学生、儿子、创业者和救人英雄等，都可能会集中在某一个特定人物身上。有时为突出报道其中一种身份，人物的其他身份就会被弱化甚至被屏蔽。比如，为了报道人物在大学期间学习勤奋、成绩优异，我们会强化其“大学生”的身份；为了报道人物见义勇为的精神，我们会强调其“救人英雄”的身份。

为达到写作目的，写作者往往会在叙事时运用多种手段、采取多种策略来“重建”人物身份。而将人物之间的关系加入故事发展中，则有助于在错综复杂的背景和环境里认识并理解具有多重身份的人物。

赵涵漠《永不抵达的列车》通过对恋爱分手、熬夜剪片、扛着摄像机工作、买彩带凉鞋、穿素色褶皱连衣裙等细节的描写，衬托出主人公朱平“女大学生”的身份。读者看了这些细节，就能想象到年轻女大学生朱平对校园生活的热情和对未来生活的憧憬。

朱平真正的人生几乎才刚刚开始。大一上学期，她经历了第一次恋爱，第一次分手，然后“抛开了少女情怀，寄情于工作”，加入了校学生会的技术部。在这个负责转播各个校级晚会、比赛的部门里，剪片是她的主要任务。

室友们还记得，她常常为此熬夜，有时24个小时里也只能睡上两个钟头。一个师兄也回忆起，这个小小的女孩出现在校园里的时候，不是肩上扛着一个大摄像机在工作，就是捧着一台笔记本电脑做视频剪辑。

就像那些刚刚进入大学的新生们一样，这个长着“苹果脸”的女孩子活跃在各种各样的课外活动上，她甚至参加了象棋比赛，并让对手“输得很惨”。

有时，这个“90后”女孩也会向朋友抱怨，自己怎么就这样“丧失了少女情怀”。随后，她去商场里买了一双楔形跟的彩带凉鞋，又配上了一条素色的褶皱连衣裙。

——赵涵漠：《永不抵达的列车》[①]

2020年初，因受新冠肺炎疫情影响，大量国际航班相继取消，往返中国境内外的航班数量骤减，回国机票一票难求。陈柯芯在《华人女性紧急收留11个小留学生 父母10万天价票难求》一文中，为我们描写了一位为护送两个女儿回国而倾尽全力的“陪读母亲”——团团妈。

4月2日下午，连日阴沉的伦敦终于出了太阳，带来久违的温暖。下午4点，团团妈拉着两个女儿的手，登上英国伦敦直飞中国济南的包机。同机的还有另外约180名未成年留学生。如果一切顺利，他们将在9个半小时的长途飞行后回到中国。

这趟飞行不同寻常。这是疫情发生以来，从英国接回小留学生的第一班包机。尽管票价是普通商业航班全价票的两倍

① 赵涵漠著：《永不抵达的列车》，《中国青年报》，2011年7月27日。

（成人经济舱3万元，12岁以下的儿童经济舱2.2万元，商务舱5万元），但在漫长的焦虑、等待之后，票价早已不是考虑的要素。无论是在他们自己还是旁观者的眼中，登上这趟航班的乘客，几乎等于“撞了大运”。

团团妈早就想回来了。1月底，英国初中开学，她带着小女儿送大女儿过去，没想到国内疫情暴发，她在当地租了房子，准备等3月底复活节假期再带孩子们一起回国。假期没等到，却等来学校关闭的消息。

眼看房子要到期了，她在网上疯狂刷票，却只买到4月中旬和5月初的回国机票。第一班飞机已经通知停飞，随着中国入境政策不断缩紧，谁也不能保证第二张票能按时起飞。

疫情之下，母女3人在英国的生活逐渐偏离正常的轨道。她们不再去大型超市购买食物，取而代之的是团团妈每天捧着手机琢磨：华人超市的青菜还能配送，但没有牛奶，要去另一家超市下单，如果想要买水果和肉类，则还要通过第三家甚至第四家超市的App，团团妈把这称为维持疫情期间生活的“平衡术”。

——陈柯芯：《华人女性紧急收留11个小留学生 父母10万天价票难求》[①]

## （四）谈吐

谈吐就是言语应对，这是人类交流能力的重要表现之一。

谈吐是人物个性特征的反映，也是人物的一种身份标识。由于人们的职业、身份、年龄和所处时代等各有不同，因此当他们

① 陈柯芯著：《华人女性紧急收留11个小留学生 父母10万天价票难求》，谷雨实验室，https://new.qq.com/omn/20200409/20200409A0ODWY00.html.

开始讲话时，他们的讲话方式和遣词造句等也都各有不同。

谈吐会暴露人物很多的内心秘密和个性化细节，并且能将人物“定位”在某一个特定的社会位置上。

《红楼梦》中的王熙凤，就是一个很善于“见人说人话，见鬼说鬼话”、逢场作戏的女人。

> 黛玉连忙起身接见，贾母笑道：“你不认得她，她是我们这里有名的一个泼皮破落户儿，南省俗谓作‘辣子’，你只叫她‘凤辣子’就是了。”
>
> 黛玉正不知以何称呼，只见众姊妹都忙告诉她道：“这是琏嫂子。”黛玉虽不识，也曾听见母亲说过，大舅贾赦之子贾琏，娶的就是二舅母王氏之内侄女，自幼假充男儿教养的，学名王熙凤。黛玉忙赔笑见礼，以“嫂”呼之。
>
> 这熙凤携着黛玉的手，上下细细打量了一回，仍送至贾母身边坐下，因笑道：“天下真有这样标致的人物！我今日才算见了！况且这通身的气派，竟不像老祖宗的外孙女儿，竟是个嫡亲的孙女，怨不得老祖宗天天口头心头一时不忘。只可怜我这妹妹这样命苦，怎么姑妈偏就去世了！”说着，便用帕拭泪。
>
> ——曹雪芹：《红楼梦》[①]

在熊育群的《守护苍生：记战“疫”中的钟南山》一文中，钟南山院士一段精彩的发言，反映了他尊重科学、不惧压力的超凡勇气和务实态度。

① 曹雪芹著：《红楼梦》（上），四川人民出版社2020年版，第19页。

当年“非典”的一场新闻发布会上，有人宣称疫情已经得到了有效控制。钟南山当场开炮：“什么叫控制？现在病源不知道，怎么预防不清楚，怎么治疗也还没有很好的办法，特别是不知道病源！现在病情还在传染，怎么能说是控制了？”北京某些权威专家通过权威媒体发布结论：“引起广东部分地区非典型性肺炎的病原基本可确定为衣原体。”在广东省卫生厅召集的紧急会议上，钟南山又站了出来，他不认为是衣原体，衣原体只是最终导致病人致死的原因之一，而主要病因可能是一种新型病毒。他的观点随后被广东省卫生厅采纳，成为抗击非典的重要分水岭。

——熊育群：《守护苍生：记战“疫”中的钟南山》①

20世纪70年代，我的大儿子作为检查组一员，去基层学校听课。检查组成员坐在教室后面，和学生一起听课。那一堂是语文课，语文老师一上来就说：“咱们今天学习‘名词’。北京，上海，爸爸，妈妈，这些都是名词。你们明白了吗？”孩子们纷纷说：“明白了！”老师说：“既然明白了，你们给我说一个！”她点了一个学生的名，那孩子站起来说：“拖拉机！”老师愣住了：“拖拉机不是名词吧？”她疑惑地看着检查组，检查员一声不吭。下课之后，大儿子和老师谈话，老师问：“我错了吗？名词不是只有两个字吗？‘拖拉机’是三个字啊？”大儿子说：“我不想在学生面前说你不对，三个字就不是名词了吗？苏联领导人‘勃列日涅夫’，那还是五个字的名词呢！”

——高彩云、赵丽君、杨扬：《这辈子》②

① 熊育群著：《守护苍生：记战“疫”中的钟南山》，《光明日报》，2020年3月1日。

② 高彩云、赵丽君、杨扬著：《这辈子》，四川文艺出版社2020年版，第95页。

### （五）举止

举止是指人物在一定场合的活动中所表现出来的较为稳定的行为。

人物举止能够“泄露”人物的价值观念、情感特性、性格气质和精神状态。除了一些习惯性或下意识的动作外，人物举止往往具有一定的动机和目的。

> 老王的收音机里也在直播世界杯。他一边看无声的大屏幕，一边听收音机。据说，收音机是他为这届世界杯花了65元特意买的。
>
> 那天刮着风，雨把陶辉衬衫的后背打湿了。他打着伞站着，直到雨停，然后把伞垫在湿湿的地上，坐在伞上，继续观看无声的比赛。
>
> 陶辉举着伞仰看大屏幕的姿势，就是这时被摄影记者抓拍到的，并上了当地的报纸。
>
> 据说，夜总会的大屏幕最多时曾吸引来上百名农民工看球。他们占据了夜总会对面的一长溜马路牙子和人行道。一些人来自陶辉所在的工地——正建造的60层“富力中心”写字楼，一些人则在夜总会斜对面为铂林国际公寓建造32层的商品住宅楼，另一些人在附近修建地铁，还有一些人来自不远处的海关大楼工地。
>
> ——包丽敏：《无声的世界杯》[①]

因为离家出走和盗窃，我多次被关进教养院，现在有一处

① 包丽敏著：《无声的世界杯》，《中国青年报》，2006年7月12日。

我还记得特别清楚。我肾脏虚弱，每天晚上都尿床，这是很丢脸的事，但我也没办法。在那个教养院里我常因此遭到一个女看守的毒打，她当着其他孩子的面骂我、羞辱我。她经常在夜里过来查看我尿没尿床。如果尿了，她就把我的被褥扔出去，然后用一根粗大的黑皮带疯狂地抽我，揪住我的头发，把我从床上拽下来，拖到浴室，扔进澡盆，用冷水浇我，还让我自己把床单洗干净。每晚对我来说都是一场噩梦。

——杜鲁门·卡波特：《冷血》①

## （六）情感

情感是指人们对于客观事物能否满足自己需要而产生的态度体验，如喜悦、愤怒、忧伤、悲痛和恐惧等。

写作者尤其应重视对人物情感的描写，要突出表现人物在特定环境下所产生的想法、感触等内心活动，以便更加深刻地揭示人物的思想品性，让读者走进其隐秘的精神世界中。

### 1.依恋

连外人都看得出来，这个老人实际很孤独。住在二儿子家时，夜里睡觉她总摸着儿子的胳膊，有时还在梦里喊出前夫的名字。记者采访过了探视时间被要求离开时，她小声抗议："这儿说话没事、没事的。"最后还用仅能活动的左手攥紧陌生人的手说："下午再来。"

——王晶晶：《儿孙满堂却老无所依》②

① 杜鲁门·卡波特著，夏杪译：《冷血》，南海出版公司2010年版，第258页。
② 王晶晶著：《儿孙满堂却老无所依》，《中国青年报》，2013年11月20日。

2.激动

在见到刘老板的时候，他也是一把就握住我的双手。我感觉这个老板真的不简单，刘老板说话的声音简直就如同黄钟大吕，无比洪亮。在凤凰的高层面前，我第一次感觉自己主持人的身份好卑微，比起他们魁伟的身材、宽大的手掌和响亮的大嗓门，我简直就是一只十足的“小虎”嘛。正是在这次宣讲会上，听着这些高层的介绍，我才慢慢对凤凰有了感性认识也有了理性判断，不由自主地在内心升发出一种和凤凰一起“打天下”的豪情壮志。虽然当时的凤凰门脸小、主播台小、录影棚也小，但是我还是禁不住这些“大人物”的吸引，在心里已经萌发了蠢蠢欲动的创业激情。

——胡一虎：《我是谁》①

3.紧张

手术越来越难，出血也越来越多。小仪器在凯利夫人头脑中一毫米一毫米地开辟通路，危险性越来越大。一出血，小仪器立刻嗡嗡作响，血唧唧地被吸出。再插再探，血又流出。终于，仪器声戛然而止。

“我什么也看不清，”这位外科医生说。他往下又按了按，又发现一个通道。

达克尔医生精疲力竭。他抽出身，退到后面。他坐到凳子上，眼睛长时间怔怔地盯着前方。脑干就在附近，就在附近。

“真是个令人毛骨悚然的地方，”医生嘀咕着。

他身后的心脏监视器怦、怦，怦、怦响着。每分钟70次，

① 胡一虎著:《我是谁》,中信出版社2007年版,第182页。

很稳定。空气中一股臭氧和焦煳味。

——乔恩·富兰克林:《惊心动魄的脑科手术》[1]

4.慌乱

恩里克艰难地跪在那里，浑身上下只剩一件内裤了。他硬撑着站起来，沿着燃料车厢顶部跑动，拼命地在光滑的弧形车顶上保持平衡。火车在松动的铁轨上左摇右晃。没有灯光，他几乎看不见自己的双脚。他摔倒了，又重新站起来。

他三步并作两步，跑到了车厢尾部。

火车正以每小时近40英里的速度隆隆前进，下一节车厢仍然是燃料车。车速这么快，从一节车厢跳上另一节车厢无异于自寻死路。恩里克知道，他有可能滑倒，可能掉进车厢中间，被车轮席卷而去。

那些人追过来了。他小心翼翼地跳到两个车厢之间的车钩上，离发烫的、搅拌机似的车轮只有几英寸。他听到子弹闷声而射，当机立断地从火车上向外纵身一跃，把自己抛进了无尽的黑暗。

他重重地砸向铁轨边的土路，又滚到地面上。他爬了30英尺，双膝不住地抽筋。

最后，在一棵小杧果树下，他不省人事了。

——索尼娅·纳扎里奥:《恩里克的旅程》[2]

5.安心

尹雯坐在飞机的中间最后排，两边的座位是隔离区。她睡

① 乔恩·富兰克林著:《惊心动魄的脑科手术》,《巴尔的摩太阳晚报》,1978年12月12日。

② 索尼娅·纳扎里奥著:《恩里克的旅程》,《南方周末》,2003年4月24日。

得迷迷糊糊的，飞机快要落地北京时，她右手边隔离区坐进来两个人，体温上升到37.2度。空乘给他们换上了N95口罩，询问了几句。尹雯慌了，跟同行的朋友交换了眼色。随后，一位帅气的空少走过来，告诉她们，“不用慌，会把你们送回家的。”

经历了一路颠簸，猛然听到这么一句话，她意识到，就快回到熟悉的地方了。飞机落地的时候，Nico听到飞机里传出的广播：“欢迎大家回家”，机舱里有人鼓掌，也有人录视频。每个人都恨不得在朋友圈写下千言万语，再郑重其事地感叹一句，“终于回家了”。

下了飞机，林子雪第一眼就看到一排全副武装的工作人员，手中拿着测温枪，和各种各样的入境调查表。阵势浩大，这让她心安。

辗转47小时后，林子雪和同学到达北京机场。

——崔一凡、柳宁馨：《海外留学生艰难回国：47小时不吃不喝 深夜抢票辗转多国》①

6.疯狂

93岁的邵新和一生疯了三次，其中有两次是为了他的房子。

1994年是他最疯狂的一次，每天天一亮，这个已经83岁的干瘦老人手里拿一把刀，到处拍得“啪啪”响，蓬着发围着房子转，像一名战士护卫阵地一样巡视着“他的”房子。

“连走带跑的，脸都变色了，儿女拉不住，警察也没办法，可怜不都是为了那房子。”老邻居王桂珠说。

① 崔一凡、柳宁馨著：《海外留学生艰难回国：47小时不吃不喝 深夜抢票辗转多国》，谷雨实验室，https://new.qq.com/omn/20200326A0I65900.html.

> 发疯的原因在外人看来不可思议，“邵家”前院被房管所用作仓库，前院的人只好改走“邵家”四合院的大门，邵新和就是不让人走，“这房子，这院子都是我的，凭什么你要走？”于是他就堵在门口，最后发生冲突，邵新和的头被打破了，于是几十年来关于房子的积郁一起爆发，他再一次疯了。
>
> ——南香红：《经租房，半个世纪的纠葛》①

### （七）逸事

逸事是指那些不为人们所知但却与人物有关的事情，这些事情虽不见于正式记载，但对于写作者塑造人物却有着独特的说服力。

熊育群在《守护苍生：记战“疫”中的钟南山》一文中，引用了网络上“有人把钟南山、李兰娟画成了一对守门神”的段子，这从侧面说明了抗击新冠肺炎疫情期间，钟南山、李兰娟等防疫专家在百姓心中沉甸甸的分量。

> 冠状病毒形如皇冠，在微生物的世界里无影无形，藏在人的身体里，躲在空气中，四处皆暗藏杀机。它肆虐的速度就像人类高铁的速度、飞机的速度。人们惶恐、无助，盼望权威出现。网上有人把钟南山、李兰娟画成了一对守门神，取代了神荼、郁垒。钟南山不得不频频出镜，及时回应社会关切，为大众答疑解惑。他的出现给了众人信心，安定了人们紧张的情绪。
>
> ——熊育群：《守护苍生：记战“疫”中的钟南山》②

① 南香红著：《经租房，半个世纪的纠葛》，《南方周末》，2004年6月17日。
② 熊育群著：《守护苍生：记战“疫”中的钟南山》，《光明日报》，2020年3月1日。

卫毅在《莫言的国》中，记录了不少与主人公莫言有关但却不为外人所知的小故事，从而使读者对莫言的了解从“抽象介绍”到“具体感知”的步骤和时间大大减少，一个带有生动故事性的鲜活人物被呈现在了世人面前。

除了姑姑，对莫言创作影响更大的是他姑姑的父亲，也就是他的“大爷爷”。他从小便从大爷爷那里听来各种故事，这些故事日后成了他的小说之源。“我爸爸曾经跟我说，斗（莫言的小名）将来会成为大人才，我是看不到了，你们能看到。”管贻兰说。

在诺贝尔文学奖宣布结果的那个傍晚，管贻兰的儿子王炘开车去往表哥莫言家，要给他送一个给小外孙量体温的体温计。晚上7点，王炘从广播里听到了莫言获得诺贝尔奖的消息。上楼之后，他在门口碰到莫言，他说：哥，你太伟大了。莫言只是笑了笑。

——卫毅：《莫言的国》[①]

在李敖的自传里有一张他与王菲的合影，起初大家都感觉莫名其妙，以为只是一张普通的名人合影，后来才慢慢地知道王菲与李敖原来是世家之交，甚至李敖的大姐曾经与王菲的爸爸被指腹为婚！——如果这古老的约定成了真，也就不会有王菲了。

据考证，王菲的祖父叫王墨林，亦称王兆民，他与李敖的父亲在北京大学国文系是同班同学，是很要好的朋友。王菲的父亲王佑林是家中次子，小时候曾经与李敖的大姐李珉被双方

① 卫毅著:《莫言的国》,《南方人物周刊》,2012年第36期。

家长指腹为婚，不过后来他还是违了家长的好意，与从事文艺工作的夏桂影结婚，这也就是王菲的妈妈啦！

——大鸣：《阿菲正传——轻舞菲扬 王菲奇闻逸事一箩筐》[①]

五老爷听到了大家的抱怨，自告奋勇要去买盐，他还说："这事交给我，保证大家今晚吃到有滋有味的饭菜。"有人说："别吹了！九里路！把盐提来给大家看看，再说大话也不晚。"五老爷不与他争，拎着盐袋子就走。两袋烟的工夫，他拎着半袋子盐回来了。

一屋人感到吃惊，有人问："五爷，你这盐是借的，还是到街上买的？九里路，除非你长了翅膀飞去的？"

…………

有人提议，让五老爷最贴心的人，五奶奶，仔细观察一下。后来，五奶奶告诉家人，说五老爷脚底板长有一撮不易察觉的毛，也不知道是她乱说的，还是确有其事。

不管怎么说，"五老爷是飞毛腿"的事情传得越来越远，传得官都知道了，派人到双沟调查虚实。人都说，当官的怕这个飞毛腿飞到官府或者皇宫招惹是非，所以打算如果真有此人、确有其事，就要把他带走。那两个调查的人来到双沟俺家里，当家的八老爷听说来人意图后，把五老爷藏了起来，不给见。"那都是人胡扯的！"八老爷不承认家里有这样的人，他信誓旦旦地说，"我的这个哥哥，只不过腿脚比别人走得快一点，没那么夸张，更没有能飞的本事。"

——高彩云、赵丽君、杨扬：《这辈子》[②]

---

① 大鸣著：《阿菲正传——轻舞菲扬 王菲奇闻逸事一箩筐》，中国经济网，http://www.ce.cn/xwzx/ylxk/dl/200408/25/t20040825_1591260.shtml.

② 高彩云、赵丽君、杨扬著：《这辈子》，四川文艺出版社2020年版，第158—159页。

第五讲

# 非虚构写作的声音描写

> 不论主题是什么，在吸引和留住观众方面，声音起到了至关重要的作用。
>
> ——杰克·哈特[1]

## 一、声音释义

声音是人类获取信息的主要渠道之一，也是非虚构写作者用来描述或建构作品的基本材料，是他们复原现实世界的一种重要手段，优秀的非虚构写作者都是运用声音技巧的高手。

由于声音会在不经意间透露出一些隐藏着的秘密，所以写作者需要通过记录不同人物的不同声音，来帮助读者理解人物的情感波动以及行为变化。

① 杰克·哈特著，叶青、曾铁峰译：《故事技巧：叙事性非虚构文学写作指南》，中国人民大学出版社2012年版，第61页。

声音会不自觉地透露出它隐藏的秘密——不仅有言语，还有让空气颤动的因素存在。

——菲利普·格雷厄姆[①]

## 二、声音的作用

### （一）提供信息

声音赋予作者及作者以外的其他人以独立的地位，意味着身体“在场”。对于读者来说，通过声音可以获取更多来自他人提供的信息。

这个年轻的农村母亲终于鼓起勇气问：“我的孩子装上人工心脏后，会不会发生什么并发症呢？孩子是不是要受很大的苦呢?”“并发症总是难免的。这个你不用担心。”翁医生说。

看上去母亲还想继续问下去，但一紧张突然忘了该怎么说。母亲和医生的对话很快在母亲的沉默中结束了。

3月9日，翁医生启程返回德国。因为东方医院的坚持，离开时翁医生改变了刚到来时的想法，打算把手术的地点放在上海，“我会从德国空运两台心脏手术中的血液循环泵过来，提供两套婴儿的人工心脏，亲自在上海实施手术”。手术时间计划在5月份，此间完成全部检查和定做人工心脏需要花费至少一个多月时间。

① 转引自雪莉·艾利斯编，刁克利译注：《开始写吧！虚构文学创作》，中国人民大学出版社2011年版，第174页。

东方医院目前救治过的年龄最小的心脏移植患者为12岁，更小的儿童救治成功病例尚未被记录，看来这是一次机会。

记者提醒翁医生“出生才3个月大的婴儿心脏供体恐怕在中国比较难找”。翁医生笑着说：“你们不用担心婴儿的心脏供体找不到，东方医院说由他们负责，一定找到就可以了。”

——沈颖：《连体弃婴：人间94天》[①]

## （二）塑造人物

声音能够直观地展现人物性格，反映人物情绪。

人们的声音或粗犷奔放，或明快果断，或婉转温柔，或低沉阴郁。写作者应通过文字，让每一个人物都有属于他“自己的”声音，从而使读者能闻之以声、动之以情，从声音中去感受人物命运的浮沉。

李燕燕《山城不可见的故事》一文，通过人物简短的独白、生活化的用语以及特色浓郁的方言，生动刻画出一个精明、麻利、善于拉客、会做生意的公交中巴车女售票员的形象。

“7字头”中巴会毫无征兆地在任何一个簇拥着人群的街口停下，扯着沙哑嗓音的女人蓬乱头发，露出系着褐色腰包的上半身——

“嘿，还有座位，快上，一块钱！到哪儿？红旗河沟，要到要到！”

“啷个不得空调喃？凉快得很！”

“真的有座位，你站在这方当然看不到，跨上来一步

① 沈颖著：《连体弃婴：人间94天》，《南方周末》，2005年3月24日。

声音就像是一个人的签名，作用至关重要。

——杰克 · 哈特[①]

嘛……那儿最后一个，有个凳子那点儿……凳子也可以将就坐哈嘛！”

“哎呀，日头下等车好恼火哟！给你说嘛，465在上清寺那边已经堵起了，不要等了！”

最终，女人会抢也似的推搡几个男女上车。中巴不关车门,便一溜烟跑了。

——李燕燕：《山城不可见的故事》[②]

1.关切的声音

小岗村妇女主任韩巧兰对初来乍到的沈浩记忆犹新。2004年，猴年春节刚过，她起了个大早开始忙活。听说从省财政厅下来个干部，要住在村里，她去给他准备好铺盖。中午，韩巧兰在街上看见个身穿深棕色棉夹克，中等个头，白净脸的中年男人正往村民家里走。一打听，他就是新来的书记——沈浩。

“他恐怕在小岗待不了两个月。之前下来的干部，有的来这‘镀镀金’，回去就提拔。”韩巧兰和村里人的想法一样，但她心里纳闷，“这书记一来就下农户家，看来和以往的干部不太一样。”

“我要一家一户吃顿饭。你陪我去关友林家。”沈浩说。一听说要去关友林家，韩巧兰犯了难：“沈书记，他家老婆孩子

① 杰克·哈特著，叶青、曾铁峰译：《故事技巧：叙事性非虚构文学写作指南》，中国人民大学出版社2012年版，第61页。

② 李燕燕著：《山城不可见的故事》，《北京文学》，2017年第1期。

精神都有问题，吃的像猪食，卫生条件可差。苍蝇哄哄叫，床上、锅台上都是，多得像头毛。我就不去了。”韩巧兰心直口快。“村上人不去他家，我更要去看看到底有多难。”关友林家这顿饭，沈浩吃了。不久，工匠粉刷了关家的三间平房，地面打了水泥。全家办了低保和特困户手续。

一个多月，沈浩把全村108户跑了两遍，摸清了小岗的家底……

——杨维汉，刘晓鹏，钱伟：《安徽小岗村党委第一书记沈浩：农民群众的贴心人》①

2.坚定的声音

那一次，钟南山急了，他第一时间请缨，要求把所有的重症病人全部集中到他所在的广州呼吸疾病研究所来。病因不明、病症难治，糟糕的是疾病传播途径尚不清楚，个别医生有顾虑。钟南山知道事情的严重性，他坚定地说：“医院就是战场，作为战士，我们不冲上去谁上去？现在是需要我们站出来的时候，不能丝毫犹豫，因为我们是医生，这是我们的职责！”

——熊育群：《守护苍生：记战“疫”中的钟南山》②

3.叛逆的声音

“你恨你舅妈吗?”我问周金。

“不恨，没什么好恨的啊。”语气淡淡的。王琼分析，一开始知道身世的时候，妹妹肯定是“恨”过的。但初中以后，就被“害怕和难过”取代了。

① 杨维汉、刘晓鹏、钱伟著：《安徽小岗村党委第一书记沈浩：农民群众的贴心人》，《人民日报》，2010年1月4日。

② 熊育群著：《守护苍生：记战“疫”中的钟南山》，《光明日报》，2020年3月1日。

在王琼拍摄的素材里，有一幕，是周金坐在老家严溪村的饭桌边，两手把玩筷子，一声不吭，眼神空洞。

周金曾在QQ空间里留言："为什么所有的人都比我幸福?"这个21岁的女孩儿，有时会说，"活着还不如死了"。似乎只有儿子成曦，会让她的脸色稍微明亮些。

——邓郁：《生之殇：一个家庭、两代女人的生育故事》①

4.撒谎的声音

我们坐在厂子的办公室里，刺鼻的二氧化硫味道，摄像师拿领子掩着鼻子，我问这位老总："工厂的排污是达标的吗?"

"是。"

"有没有非法排污?"

"没有。"

"那我们在这儿闻到的强烈味道是什么?"

"我没有闻到什么味道。"

"您是说您闻不到?"我靠着椅背，歪着头，挑了一下眉毛。

他的脸抽了一下："我的鼻子，嗯，没有您那样灵敏。"

——柴静：《看见》②

5.冷漠的声音

怀恩多特县警卫处值班的四位警官立即赶到了现场。其中一位，迈尔斯警官，描述当时的经过说："我们到那儿已是深夜一点钟了。屋里所有的灯都亮着。这个大块头、黑头发的小子，罗维尔·李，正坐在门廊上抚弄他的狗，轻轻拍着狗脑

① 邓郁著：《生之殇：一个家庭、两代女人的生育故事》，《南方人物周刊》，2015年第8期。

② 柴静著：《看见》，广西师范大学出版社2013年版，第176页。

袋。阿西副队长问他出了什么事，他指着门，一副懒洋洋的表情，说：‘进去看。’”看过现场后，震惊的警官们叫来了验尸官，年轻的安德鲁表现出的无动于衷给验尸官留下了深刻的印象。当验尸官问他希望怎样安排葬礼时，安德鲁耸了耸肩膀，回答说：“随便你怎么处理他们，我不在乎。”

——杜鲁门·卡波特：《冷血》[①]

### （三）推进故事

声音可以制造出许多戏剧化的冲突，并以此推进故事下一步的发展。

当故事进入到“白热化”阶段的时候，恰到好处的声音能起到画龙点睛、推波助澜的作用。

这年秋收过后，解成秋来宋家串门，几杯酒下去，宋凤河忍不住又说起自己的委屈。“当初是我一次又一次救人，不求回报，现在英雄落难了，想找一个能帮我的部门都找不到。”

解成秋口无遮拦：“老弟，我知道你是个好人，但这件事情上你肯定撒谎了。要是真有救人的事，即使现在去找，也能有个结果啊。”

这话触动了宋凤河，他决定不再沉默着等待来信，而是自己写信，给报社，给客运站，给镇团支部。要名誉还是要回报，他在二者之间摇摆着，继而想，为什么不能都得到呢？

——关军：《一封27年等不来的感谢信》[②]

① 杜鲁门·卡波特著，夏杪译：《冷血》，南海出版公司2010年版，第294页。

② 关军著：《一封27年等不来的感谢信》，《南方周末》，2005年5月19日。

几天前，和仍在三峡奔波的摄影记者王景春通电话，我顺带着一问："丰都现在怎么样?"

"没有了，差不多折完了。"怎么会这么快? 惊悚如电流般从心中掠过，一个多月前的景象突然无比鲜明生动地回现在我的脑海里!

"很快，几天就拆完了。"他说，声音里带着疲惫。

"上河街、下河街全没了? 人都搬走了?"明明知道这一天会来，但我的心中还是掩不住地怆然。

直到这时，回想起来，写在丰都墙上的"壮士断腕""打过长江去，对岸是我们的新家"诸多标语才是这样的不容置疑。

我似乎已经感觉到，水，慢慢地升上来，漫过头顶，漫过房屋，漫过树木，漫过山冈，漫过活生生的人的城市……

一个喧嚣繁华的城市即将沉入水下，消失在阳光穿不透的、黑暗而寂静的水底。

——南香红:《丰都殇》①

## 三、描写声音的方法

### (一) 口语

口语是指人们在日常生活中口头交谈时所使用的语言。

口语表达时的正式程度如何，会在一定程度上反映出人物的社会身份和所处环境。

① 南香红著:《丰都殇》,《南方周末》,2002年10月24日。

说起家里的事情，五叔很激动，声音很大。“这也是天灾人祸！去年两头大黄牛连着死了，今年和别人合买了一头小牛还不能耕地。他娘4年前就不好，这两年更厉害。孩子懂事，来信总问，爸爸，家里没有牛，可怎么办哪，借别人家的牛用，还得还人家的工，会累坏你的。家里的花生收了没有？收了以后一定挂起来，不挂会发霉的。”47岁的土家族汉子，大声嚷着，满脸带笑，泪水却顺着黑黑的脸，不断地流下来。

——蔡平：《五叔 五婶》①

“我跟她要这点钱根本是零头好吗？她把我的房子弄得乱七八糟。”谢伦娜一边回复法官，一边拿出了满目疮痍的房间照片和她刚刚给阿琳看过的账单来佐证。

格拉姆林·佩雷斯仔细看过照片跟账单，但她的结论仍是：“证据不够。”

谢伦娜尝试再争取一次，但依旧徒劳。“反正事情就是不能顺我的意。”她终于被激怒了。

“嗯，恐怕是吧，”专员说，“那么……”

“这样真的很不公平！都没人管管这些租户。每次都是房东咽苦水。这个制度真是有问题……随便，反正这些钱我横竖拿不回来了，这些人本来就是社会上的废渣！”

——马修·德斯蒙德：《扫地出门：美国城市的贫穷与暴利》②

接着，轮到被告律师作呼吁。有位记者把弗莱明的发言描述成“感性诉求”，他用一种温和的教堂布道式的口吻说道：

① 蔡平著：《五叔五婶》，《中国青年报》，1995年6月29日。

② 马修·德斯蒙德著，胡䜣谆、郑焕升译：《扫地出门：美国城市的贫穷与暴利》，广西师范大学出版社，2019年12月，第136—137页。

“人非禽兽。他有肉体，也有永远居住于肉体之内的灵魂。我认为，人无权摧毁这座供灵魂居住的房屋，这座庙宇……”虽然啥里森·史密斯也呼唤陪审员发挥基督救世精神，但他把抗辩的主题集中在死刑的邪恶上：“它是人类野蛮时代的遗物。法律告诉我们夺取别人的生命是不对的，但它本身却勇往直前，树立一个坏榜样。死刑和犯罪一样邪恶，州政府无权判处死刑。死刑是没有效果的，它并不能阻止犯罪，只会使人的生命贬值，导致更多的谋杀。我们向各位所求的就是一些仁慈。我们请求各位判处他们终身监禁的请求，并不算过分……”不是所有的人都在认真听，有位陪审员似乎患上了春倦症，坐在那里不住地打着哈欠。他眯着两只眼睛，大张的嘴巴似乎可以容纳蜜蜂飞进飞出。

——杜鲁门·卡波特：《冷血》[1]

12月中旬，北京一家报纸曝出“山寨春晚拉到百万赞助”，让老孟顿时负上敛财的嫌疑。媒体开始倒戈，称其已沦为商业闹剧。在老孟受邀参加湖南卫视一档谈话节目时，南开大学教授周志强更直言不讳地对他说：“山寨文化就是新的圈钱文化。”

“都是媒体误导的。”老孟说，“我到现在连一分钱赞助费都没有。”他依然坚称晚会不卖票，无广告，无出场费，是一场纯粹的草根娱乐。但很少有人相信了。

12月25日，一个过于执着的记者用质问的口吻缠了他整个下午，最后他只好躲进楼下的地铁站里。

叶伟民：《“山寨春晚”变形记》[2]

① 杜鲁门·卡波特著，夏杪译：《冷血》，南海出版公司2010年版，第284页。

② 叶伟民著：《“山寨春晚”变形记》，《南方周末》，2009年1月15日。

## （二）方言

方言是指在某一区域使用的、非书面的、非官方的语言。

方言能够体现出人们日常生活的真实性和多样性，特别是在描写那些生活在具有语言特色地区的人物时，假如能够汲取其独特的语言对话，并予以准确的反映和把握，将会使人物形象变得更加丰满。

适当使用歇后语、谚语、俗语和惯用语等，也可以增加非虚构写作的表现力，同样有助于塑造鲜活的人物。

李燕燕《凤凰城的晃哥》一文，描写了晃哥与家人商量去重庆打工的故事。

在下面这段对话中，作者引述了当地农民口中许多"土味的"方言，这些方言凝聚了他们对未来美好生活的期许。其中的"堂客""城头""乡头""臭得发紧""好生建设""吊起吊起混"等，都是原汁原味的当地方言，散发着浓郁的烟火味和地域风情。

> "我要去重庆城打工。"晃哥突然停下筷子，大家听明白了也停下筷子。那时，村里人打工要不在省城，要不就去沿海或者北京，当然，也有人去重庆，当棒棒赚"力钱"，收入自然不比那走得远的。"去重庆干吗？上回陪堂客去重庆城头大医院看病，下雨，医院外头的路坑坑洼洼，泥泞得跟我们乡头差不多，馆子头流出来的脏水臭得发紧。看起就不像个大城市。"年后就要去深圳的二表哥开口了。"你们肯定晓得，今年子重庆就直辖了，直辖了城市就要好生建设，起那些高楼大厦肯定用得着我们这些有点手艺的。不然在乡头这样吊起吊起混，也

没好大意思。”说着说着晃哥就下了决心。“要得，妈帮你把娃娃带起。”晃哥妈把一大片泛着油光的腊肉夹到儿子碗里。

——李燕燕：《凤凰城的晃哥》①

梁家光出那鲜点儿（作者注：有代表性的）人物，梁光基，干过县武装部长，退休后人事档案丢了，连基本工资都没有。可梁家没有一个人同情他，为啥？不养生病的老父亲，他哥半夜把老父亲拉到县城他家院子里，清晨起来一看，以为是谁送的粮食，结果是老父亲。看这咋办？他就去找亲戚，亲戚讽刺他说：“那咋弄？你去问邮局邮寄不，把人邮寄回去？”结果，父亲连车子都没下，当天又被送回到了村里南菜园子那儿。还告诉乡亲传话给他哥，老头儿在南菜园。

——梁鸿：《中国在梁庄》②

他把儿子的双手绕过脖子，一边走，一边和儿子说话：“幺儿（作者注：四川方言，指小儿子），爸爸带你回家了。你趴稳了，莫动弹啊！”

儿子的身体在背上起伏着，带出的一丝丝风响，像是一声声呼吸，掠在程林祥的脖颈上。有那么一瞬间，他甚至觉得儿子还活着，还像小时候那样，骑在爸爸的身上，搂着爸爸的脖子。

程林祥的力气原本不大，在工地上，别人一次能背二十块砖头，可他只能背十多块。可此时，他似乎觉得“身上有使不完的力气”，背着儿子一步步地往前走。

① 李燕燕著：《凤凰城的晃哥》，《光明日报》，2017年3月10日。
② 梁鸿著：《中国在梁庄》，江苏人民出版社2011年版，第13—15页。

在路上，有好几次，他都险些被山上滚下的石头砸中。但那些石头只是擦身而过，落进下面的江水里，发出沉闷的声响。

“我知道，幺儿一定会在天上保佑着我，让我们安全到家。”程林祥心中默默想着。

——林天宏：《回家》①

二嫂搬到俺家前院不久的一天下午，我正在家院中玩耍，她过来小声地问我：“大姐，想吃新鲜的莲子吗？”我立即回答：“想吃！哪有？”二嫂笑着说：“你家汪里（作者注：方言，池塘里）莲子长得那么大，我带你去弄！不过，你不能对别人说，连你爹你娘也不能说，说了就吃不到了。”我不懂，问她为什么。二嫂神秘地说：“白天不能去，我刚嫁到这里，大白天赤脚卷裤，别人看了会笑话。咱晚黑（作者注：方言，晚上）去！”我暗暗高兴，答应了她。

——高彩云、赵丽君、杨扬：《这辈子》②

## （三）措辞

措辞是指说话者在说话时所选用的词语和句式等，它受到说话者思想、情感、心理特征、个性特点、学历背景和生活习惯等多种因素的影响。

### 1.政客：表态宏观

2012年1月，吴登盛首次接受西方媒体采访。“改革是基

① 林天宏著：《回家》，《中国青年报》，2008年5月28日。

② 高彩云、赵丽君、杨扬著：《这辈子》，四川文艺出版社2020年版，第17页。

于人民的愿望，”他对《华盛顿邮报》记者说，“人民希望国家保持和平稳定，实现经济发展。”

——杨潇：《素季的国度》[①]

2.农民：浅显易懂

养了二十几年猪的老张，是如今极其稀罕的养猪人。他说：“咱养猪的人，穷不离猪，富不离猪。”

…………

“它就像是我家里一个人一样，穷也舍不得卖，再咋说它那粪还能肥田。”“猪灵得很呢，老母猪压死自己的一个猪娃儿，你把尸首在那块放一会儿，它就知道了，再往后再都不咋踏那一块地方，都小心呢。它自己的娃下的猪娃儿，跑到它圈里它就不咬，还给喂奶，旁的猪下的猪娃儿来了，往死里咬。”“我走到圈门口，‘啰啰啰’吆喝两声，它们就知道我来了，就安心了。冷不丁一个生人进去，猪惊呢。”

——徐楠：《小镇猪事》[②]

3.受害者亲属：极度愤怒

代表受害人亲属出庭的是克拉特先生的弟弟阿瑟，他驾车从百里之外赶来此地时，对记者说：“我要好好看看他们（史密斯和希科克），看看他们是哪种畜生。我恨不能把他们撕碎！”他直接坐在了被告的身后，死死瞪着他们，仿佛要把他们印在自己的记忆中。

——杜鲁门·卡波特：《冷血》[③]

---

① 杨潇著：《素季的国度》，《南方人物周刊》，2012年第4期。
② 徐楠著：《小镇猪事》，《南方周末》，2008年5月1日。
③ 杜鲁门·卡波特著，夏杪译：《冷血》，南海出版公司2010年版，第263页。

4.新冠患者：热情助人

那日，我入江汉方舱医院后，被安排至一楼西厅40号病房。

病房中有21个床位，待我来时，便满员了。环顾四周，见几乎所有人都是卧于床上，眼睛直勾勾望着天花板。

病房间的走廊里，很混乱，人来人往，不时还夹杂着吵闹声："这里有啥好？哼，不如死在家里！""哎哟，仪器都没见到一台，这里是集中收治还是让我们集中等死啊！"

正坐于床上胡想，忽闻"砰咚"之声，眼见面前一个医护人员摔倒在水泥地上。我忙上前欲扶，她已站了起来。见她防护服上有签字笔写的字："贵州杨璐"。

杨护士身材较矮，身上防护服的裤腿明显长出一大截儿。那裤脚儿被塞进塑料袋做成的脚套里，脚套便显得十分臃肿。显然，她是被脚套绊倒在地的。

"您好！我叫杨璐，来自贵州医疗队，是40号病房的值班护士之一。"杨护士自我介绍道，又讲，"我们几个护士都来自同一个医院。现在，先给您做个基本检查。"

待杨护士做完检查，我关心地问她："刚才摔得可不轻，有事没？"她说没事。

咋能没事，见她走起路来，一瘸一拐。

过了一会儿，杨护士为我发放药品后，回走时，因护目镜上水汽朦胧，视线不佳，腰部撞在病床的栏杆上。"哎哟！"她忍不住叫了声。"患者与医护人员严禁直接接触！"瞥瞥病房隔板上的提示语，我伸出的手又缩了回来。

中午时分，我发现隔板下倒着一根米把长的塑料空心管。有了！我拿起塑料管，走到病房门口，让杨护士用酒精喷壶给它消消毒。“拿它干嘛?”杨护士问。“自有妙用。”我眨巴几下眼睛。

瞧杨护士又揉了几下腰，我说：“要不你去检查一下，看摔伤没有。”她摆摆手，说不用。

见杨护士手中拿着一盒药，便问：“又要送药吗?”她说有个患者胃不舒服，要了胃药。

“那正好，来!”我将塑料管伸至她面前。她稍愣，倏尔明白过来，轻笑一声，伸出手来，抓住管子。这下，她行走便顺当多了。

我们这般，还意外地打破了病房中沉闷压抑的气氛。有病友打趣道：“嘿，拐子（武汉话，意为兄弟）是顺手牵‘杨’啊!”不少病友都从被窝里冒将出来，有人呵呵笑出声来。

杨护士将胃药交给患者后，对大伙儿说道：“对，大家既然来到这里，就要像现在这样，放松心情，乐观起来，相信自己一定能够战胜病毒!”

正说着，有人来病房贴了一张宣传画，上有大号字：“信心比金子更宝贵”。

很快，这位娇小的护士就有了一个可爱的绰号，叫“小羊子”。她也乐意大伙儿这样叫她，隔天，还在防护服上画了一个“喜羊羊”。

——黄阔登：《方舱记》①

## （四）句法

句法是指说话者按照什么样的语法结构排列和组织语言。

句法不只意味着句子的结构，它也在一定程度上影响着人物

① 黄阔登著：《方舱记》，光明网，https://culture.gmw.cn/2020-12/23/content_34487997.htm.

的思维方式，传达出人物的某种情感。

我告诉你，这些眼泪都是真实的。这让我很感慨，一个像他这个年纪、有这样社会地位的男人，却感到如此受伤、无助，这是很沉重的眼泪。这个男人，他很坚强，我知道他的故事。我知道他为自己的王朝斗争过很长一段时间。他坐过牢。那种真正的牢房。他对我说，你是我一生中唯一一个见过我流泪的女人。

小孩哭，女人哭，男人哭，所有人都哭。有一次，有个男人，那个词你们怎么说来着？——哦对，怪老头。这个怪老头非常强壮，又高，块头又大，是个肌肉男。我带他去见律师，律师说，你的居留权被拒了。啊啊，他的眼泪登时涌出来，律师怔怔地看着他。发生了什么？不知道。这对他们来说是个打击。

——克莱格·泰勒：《伦敦人：大城市的日与夜》①

### （五）节奏

节奏指的是声音长短、快慢、轻重、浓淡等具有一定规律性的变化。语速的快慢与表达的简洁程度如何，是影响声音节奏最重要的两个因素。

作者可以通过直接引语和间接引语的有机结合与不断转换，将故事讲得跌宕起伏，富有节奏。

“商场我们从来不逛，您说带孩子去，见东西他要，买还

① 克莱格·泰勒著，华苑译：《伦敦人：大城市的日与夜》，湖南文艺出版社2020年版，第370页。

是不买？买吧没钱，一包话梅就一块多，羊肉串都一个劲儿地往上涨。不买吧，怕伤了孩子。那天孩子说了，妈，我不想过星期日，我想天天上学。可不是，上学能跟同学玩儿，星期日在家，我也不敢带他出去，出去就得花钱。他除了看电视就和我在床上躺着，一躺就好几个小时。他不爱上人家家玩，赶上人家吃好的，转身就出来，那天回来冷不丁跟我说，妈，我想吃叉烧肉，他哪知道什么叫叉烧肉，准是看别人吃来的，我说行，等妈发了财给你买。我们家孩子就这点懂事，学校组织出去玩，给他带上5块钱，等晚上回来，小手又把5块钱给攥回来了。那年，我们一个同事送了几双白线袜，他穿得可仔细了，脚趾头那破了，特心疼，自己拿线横七竖八地给缝上了。同事都说，得啦，能有这么个懂事的儿子就知足吧，什么也别想了。唉，我现在是什么都不想了，就指望孩子给我争口气，也不知能不能享着他的福。”

这时，两个穿皮夹克拿大哥大的从我们身边走过，杨子小声说：“你看看人家，我就奇怪，人家都怎么过的。”

——蔡平：《桥下人家》[1]

静静行走，尽量不发生任何声响。三分钟后，在对岸的森林，相距二十多米，与我并行的方向，又响起它愤愤地略带稚气的大男孩般的吠叫，“汪——汪——汪”。

呵呵，这小家伙火气真大，不依不饶紧紧跟随，非要把我这个老狐狸赶走不可。

“汪——汪——汪”，我亦连声回应。

狐吠一声，我回一声；狐吠一组，我回一组。于是，在河

① 蔡平著：《桥下人家》，《中国青年报》，1995年12月26日。

两岸，相距二十多米，一狐一人，边吠边并排而行。

这是我人生中绝无仅有的体验，相信世界上也没有几人有此经历——同一只狐用狐狸使用的凶巴巴语言相互应答。

——胡冬林：《狐狸的微笑》[①]

公共机构的阴沉与家庭生活的欢乐，在芬尼县法院的四楼相容并存。说其阴沉是因为监狱就设在法院大楼的四层；说其欢乐是因为警长公寓也位于同一楼层，那是一处挺舒适的公寓，与监狱只隔着一道铁门和一条短短的走廊。

一九六〇年一月，住在警长公寓里的不是警长一家，而是副警长温德尔和他的妻子约瑟芬·迈耶（“约茜”）。迈耶夫妇结婚已经二十多年了，两个人外貌非常相似：高大魁梧的身材，宽宽的手掌，方形面庞，安详，和善——这最后一项特征在迈耶太太的身上体现得最明显，她是位性格直率、讲究实际的女人，然而却有一种不易捉摸的平和从容，令她光彩照人。作为副警长的助手，她每日的工作时间可谓漫长：早晨五点钟起床读一章《圣经》，晚上十点钟上床睡觉，这期间她要为犯人们洗衣做饭、缝缝补补，要精心照顾丈夫起居，还要打扫五个房间的公寓。室内的摆设都是从旧家具店东拼西凑来的，软软的椅子、鼓鼓囊囊的坐垫和乳白色的丝织窗帘。迈耶夫妇有个女儿，是他们唯一的孩子，已经结婚，住在堪萨斯城，因此这套公寓就只住着他们，拿迈耶太太的话来说更确切：“除非女牢里碰巧关了犯人，否则就只有我们了。”

——杜鲁门·卡波特《冷血》[②]

① 胡冬林著：《狐狸的微笑》，重庆出版社2012年版，第327页。

② 杜鲁门·卡波特著，夏杪译：《冷血》，南海出版公司2010年版，第236页。

“就是这儿，就是这儿，肯定没错，那是学校，那是车库，现在我们往南拐。”迪克兴高采烈，口中念念有词，在佩里看来，迪克仿佛在嘀嘀咕咕地说着咒语。他们离开公路，加速转向一条荒凉的霍尔科姆小道，越过圣达菲铁路。“银行，肯定是那家银行。现在往西拐——看见那树了吗？就是这儿，没错。”车前的大灯照亮了一条榆树夹道的小路，一丛丛被风吹动的风滚草急速地在路边闪过。

——杜鲁门·卡波特：《冷血》[①]

### （六）修辞

修辞就是对声音进行“修饰”，常见的修辞手法有比喻、排比、夸张、借代、对偶、设问、反问、反复、衬托、用典、互文、双关、顶针等。

写作者在描写声音时，应运用多种修辞手法，使声音匀称协调，富有美感，变化跳跃，不僵硬呆板。

崔家坪小红家的男人不上外头去打工了，两口子咬牙拿出几万元，从村里包下地，垒了十几个槽的新猪圈，买了30只猪娃儿。

塬上一户人家有一窝小猪，有人上门来买。男人叫了480元的价，心里还打鼓，怕把人吓走了，谁知人家一口应下，从18只里拣出16只，撂下了两只。

这一伙人前脚刚出门，后脚又来了买猪娃儿的。就剩两只猪娃儿了，来人不挑不拣，全都要下，每只500！

① 杜鲁门·卡波特著，夏杪译：《冷血》，南海出版公司2010年版，第54页。

婆娘这下不答应了，跟男人拼了劲打锤（编者注：四川方言，打架的意思。）——“一只20，我那16只是320呀！”

两口子正闹着，又来了人，要买母猪。男人心里赌气，一咬牙，随口叫价4000——头年母猪也只卖到3000上下。男人想叫个高价把人吓走算了，哪想着人家一口应下。女人大哭起来：“卖了老母猪，往下就要卖我了！”死拦在圈跟前就是不让牵猪。

一场家庭大战之后，总算是没卖成。

——徐楠：《小镇猪事》①

作为旅游城市的丰都，夜晚基本上没有外地人，来看鬼城的人都是一早从游船上下来，看过之后，又乘船而去，谁也不会在丰都住下来。买的和卖的都是丰都本地人。

“急着赚最后一把钱的是生意人，急着享受的是普通人。”一位丰都的朋友看着这种情景说，“天天如此，夜夜如此。人间最热闹的盛宴，最终还是要散的，时日不多了。”

一切的欢乐都是在一个城市即将消亡的背景下。

——南香红：《丰都殇》②

## 四、叙述方式

### （一）直接叙述

直接叙述是指说话者与听话者之间面对面的对话。

① 徐楠著：《小镇猪事》，《南方周末》，2008年5月1日。

② 南香红著：《丰都殇》，《南方周末》，2002年10月24日。

说话者站在自己的角度，用第一人称向听话者表述自己的意思。

我走到单元楼下，鸡排夹馍已经下肚了，土豆丝卷饼刚开张。花园里，一只长毛大胖黄猫蹿出来对着我大声“喵喵”，眼神有一点点儿凶。一层单元声控灯立马亮了起来，昏昏的黄色，颇有老家十多年前用的白炽灯的感觉，不过现在老家都换成惨白惨白的节能灯了。

“走，走，不给。”我脚尖往前佯装踢了几下赶它走，不经意间却和它对视了一眼，好似是不小心释放了同意的信号。我几步跃到一楼楼梯上，猫也跟了过来，长毛扑在台阶层层叠叠的尘土上。老楼楼道里到处都是灰尘，物业很少见到，楼栋外墙斑驳，装了钢筋外框的窗户上都生着锈，和我的楼栋成一条直线的小区东门那块正在粉刷外墙，淡淡的橘黄，不知道啥时候才轮到小区里头。

我又和哼唧的猫对视了一眼，转身继续往楼上走，二楼的声控灯也亮了起来。猫继续追，楼道里却听不到声音，直到“喵喵”声再次响起，我才知道它追到了二楼楼梯拐角，于是转过身继续和它对视。

“走，走，我都没吃饱。”我再次做出佯装要踢的样子，旋即迅速转头加快脚步上楼，一边继续吃土豆丝饼。

猫不追了。

——吴问：《我在北京租房的4年》[①]

① 吴问著：《我在北京租房的4年》，人间 the Livings，https://www.163.com/renjian/article/GT1GKMUQ000181RV.html.

### （二）间接叙述

间接叙述是指说话者站在第三者角度，将转述的内容以第三人称的口气说给听话者听。因为是转述别人的话，并不是说话者本人的说话内容，因此间接叙述需要用词准确，避免失真。

李宗陶的《林青霞：别叫我大美人》一文，借用影视圈多位人士的间接叙述，来描写演员林青霞英气、妩媚的超凡美貌和不俗气质。

> 西皮流水，有板无眼，袅袅娜娜走出个青衫凤眼的女子。唱几句，念韵白，莲步轻移；甩一甩水袖，背转身去，留一地清韵给看客。这是青衣，正旦。
>
> 某导拍戏，欲觅女主角，叹："如今找不到林青霞这种大青衣了。"
>
> 刘德华受访，被问何谓美丽，答：林青霞。
>
> 几十年不断推出清纯玉女的琼瑶说，"没有遇到过第二个可以和青霞媲美的女子"。
>
> 香港作家迈克说，林青霞的美是没得商量，广东俗语叫"靓到没人陪"。
>
> 导演徐克说，林青霞的美"是可以延伸的"，"可以出色到令你认为反派也吸引人"。
>
> 美术指导张叔平讲，因为那份气质，林青霞到老也会很美丽。
>
> 林青霞的闺中好友贾安妮说，大城市里漂亮女人何其多，可是青霞的美丽与众不同。怎样不同？影迷诠释：看一眼，让

人邪念全无。

马家辉讲过这样的意思：脸上刚柔相济、阴阳相携、女生男相的多半是美女。林青霞初入影坛时，有人建议她将那两道浓眉剃掉，或者修成当时流行的细款，她不肯。

她的眉眼是战争，她的笑靥是战后的和平，她的丝丝秀发是诗行。

她的清妍昳丽，无论哪个年代都会险象环生：那份容貌，那份青春，足够折戗她。然而没有。

因为她是青衣，正旦。

——李宗陶：《林青霞：不败之魅》[①]

## 五、对话类型与有效对话

所谓“对话”，是指两个或更多的人用语言进行交流。

对话可以更好地还原故事最初的状态，因而也就能够更容易为读者所接受；同时，由于让不同的人物自己发声，对话也更易于突出非虚构写作的现场感。

### （一）对话类型

每个人都有自己独特的个性和爱好，都有不同的知识水准和心理状态，人与人之间存在的这种差异，使对话呈现出各种不同的类型。

#### 1.熟人之间

杜威现在的目的地是河谷农场，但是他想喝杯热咖啡暖暖

① 李宗陶著：《林青霞：不败之魅》，《南方人物周刊》，2011年第44期。

> 非虚构写作中的对话，往往为了还原故事的本来状态，就充分让人物发声，让故事本身要表达的东西在对话中得到自然呈现。……对话越是充分的非虚构叙事，越是接近小说。
>
> ——许道军、冯现冬①

身子，于是在哈特曼咖啡馆前停了下来。

“你好，帅哥，”哈特曼夫人说，“想来点什么？”

“一杯咖啡就好，太太。”

…………

“再来一杯，艾尔文？”

“谢谢太太，不要了。”

但她已经拿起了咖啡壶，“我请客，长官，看看你的脸色，你需要它”。

在角落里的一张桌子上，两位蓄须的农夫正在下棋。其中一位站起来，走到杜威坐着的柜台旁，说道：“我们听说的那些事是真的吗？”

“那得看你听说的是什么。”

“就是你抓的那个家伙。在克拉特家晃悠的那个。就是他干的。我们就听到这些。”

“我想你们听错了，老伙计。”

那个乔纳森·丹尼尔·艾德里安，因为私藏武器现在仍被关在监狱里，而且过去他确因精神病被托皮卡州立医院拘禁过一段时间，然而调查员们收集的资料表明，他和克拉特案的唯

① 许道军、冯现冬著：《创意写作十五堂课》，上海大学出版社2019年版，第195页。

> 我不认为引语应该被打磨得很顺畅，引号就意味着引号内的话应该是一字不差的。这里说的是让“真实的人说真实的话”。“即使有错误、不通顺、口语化，我想也都是真实。”
>
> ——《每个人都应该学一点写作》[①]

一联系就是他那令人不快的好奇心。

——杜鲁门·卡波特：《冷血》[②]

2.夫妻之间

每次接到求救电话，郭文标总是轻描淡写地说：“我去看一眼，就去看一眼。”庄文华一直没有好脸色，儿子也和他不亲近。妻子还时常埋怨他：“你去做你伟大的事业去。”

但救援回来，庄文华也会询问救援详情，他有时见妻子心情不错，也会闹一闹脾气，反问她：“你不是说都不管的吗？”妻子回答：“我想知道，好告诉别人。”

——梁和灿：《海边捞尸人：救了1240条人命，挨骂36年》[③]

3.老少之间

为了记住那陌生的外国字，平时我们单词不离口，有的学生甚至梦中也说英语，就连老师的保姆找我们时也要说英语，“Miss高，Miss张”。学校隔壁住着一位老奶奶，她整天听我们念英文，问我们：“你们一天到晚‘裤腰带’‘裙子带’的，说

①《每个人都应该学一点写作》，豆瓣读书，https://book.douban.com/review/7890461/.

② 杜鲁门·卡波特著，夏杪译：《冷血》，南海出版公司2010年版，第140—141页。

③ 梁和灿著：《海边捞尸人：救了1240条人命，挨骂36年》，人间theLivings，https://www.douban.com/note/701526257/.

的是什么意思?”听了她的话，我们一个个笑弯了腰，抹着眼泪告诉她:“我们用英语说‘星期一’‘星期二’呢。”这个事成为大家的笑谈，以后，每到星期二，我们就开玩笑地说:“今天是‘裙子带’日。”

——高彩云、赵丽君、杨扬:《这辈子》①

## (二) 有效对话

1. 自然

对话要自然流畅，要独特而随意，要与当时的情景水乳交融，而不能机械生硬，刻意做作。

入学后没多久，一天下午2点多，班主任紧急通知：明天学校有活动，要求所有孩子第二天全部穿白毛衣白球鞋到校。

我顿时傻了眼：女儿的衣物多是深色为主，白衣白鞋易脏，我从来没有特意准备过。赶紧去买吧，可现在时间这么紧，马上还有一个会议要参加，压根走不开呀。

正一筹莫展之际，薇薇妈妈私信了我，她说自己准备出去找家商店给女儿买白衣白鞋，猜我上班抽不开身，问我要不要帮忙带一件。我感激不已，连连道谢。

公司的会议结束后，我还是请了假提早下班去学校找薇薇妈拿衣服。看到她时，我忍不住笑出了声：她提着一个大大的黑色塑料袋，站在校门旁的巷子口，粗鄙的袋子和精致的妆容搭配出一种违和的喜感。

我笑着地迎上去：“你怎么买了这么多啊?”

薇薇妈也笑：“聊着聊着，要帮忙代买衣服的妈妈们越来

① 高彩云、赵丽君、杨扬著:《这辈子》,四川文艺出版社2020年版,第27页。

越多了，一算有20多件，我一想，就干脆开车去了批发中心，一口气全搬回来了。这些衣服和鞋比商场买便宜多了，但不禁穿，反正用来参加活动，应付应付得了，我就做主没买贵的。”

我一边道谢一边给她多转了10元钱当贴补油费。她没看手机，一边和我聊天一边给其他妈妈们发衣服。等孩子们列队出校门时，一大袋子衣服已分发完毕。

——南山秋：《重点小学家长群的宫斗大戏》①

2.简洁

简洁就是不啰唆，写作者要围绕主题，把该说的说清楚，不偏题、不跑题，不说无关紧要的话。

对话要尽量控制在一定的比例之内，如果对话在全文中所占比例过大，就有可能使读者对众多人物的身份产生错乱，从而影响阅读。

5月1日晚9点，王松通过熟人引荐，终于走进了任长霞的办公室。寒暄之后，王松从手提包里掏出一个鼓鼓囊囊的信封朝任长霞递上去，一边认错一边请示局长松手放人。

“白沙湖的问题这么严重，拿几个钱就想放人？别说是你手下的人不能放，就连你也走不了！”任长霞的脸色平静，却透出一股威严。

王松大吃一惊，突然意识到大事不好，眼前这位瘦弱女局长的平静让他越来越害怕，他赶紧使出了惯用伎俩：“局里需要多少钱，尽管说。”

---

① 南山秋著：《重点小学家长群的宫斗大戏》，人间 the Livings，https://www.163.com/renjian/article/GOH4RNOA000181RK.html.

任长霞骤然变色，一声令下，埋伏在办公室门外的几名侦查员应声而入。不费吹灰之力，王松被生擒。

在局长办公室抓黑帮头子，对任长霞个人而言，可能会遭报复，但任长霞说："王松在黑道中混迹多年，渗透势力大，我只能如此。他作恶，抓他天经地义，我怕什么？"

——易颖：《任长霞传奇》①

3.张力

对话的目的是为了推动故事的发展，因此对话要与人物水乳交融，要体现人物的兴奋、渴望、焦虑、悲伤，要有潜在的张力。写作者要注意保留对话中的矛盾与冲突，而不应过于纠结和强调对话的严谨性与逻辑性。

何帆曾是一名刑事法官。他说，自己刚进法院时，血气方刚，豪情万丈，认为刑事司法的真谛就是主持正义、荡涤邪恶。但是，他第一次亲临刑场，观看死刑执行时，临刑前，死囚突然对法警提出请求："我可不可以挪一下位置，我面前有块石头，如果倒下，这石头正好磕着我的脸。"法警满脸迷惑地看了看在场监刑的法院副院长，副院长点一下头："给他挪挪。"对在场所有人说了一句："即使在这一刻，他们也是人，也有尊严。"

——柴静：《看见》②

盛夏。骄阳下，15名女学员全副武装地站在操场上。一分

① 易颖著：《任长霞传奇》，《南方周末》，2004年6月3日。

② 柴静著：《看见》，广西师范大学出版社2013年版，第368页。

钟过去了，一小时过去了，她们一动不动。

突然，最后一排“咚”地传来一记闷声。学员们转头一看，16岁的朱丽华昏倒在地下。她们“哗”地一下围过去，最前面的学员也跑过去提起一只脚，心想，这就到了体现团结友爱光荣传统的关键时候。

“都给我回去！”穆跃东一动不动，严厉地说。

“可是，她……”女兵们茫然。

“记着，你们现在只有服从，没有‘可是’！”

女兵们回到队列中。穆跃东叫两名学员把朱丽华扶到树荫下。其他人一个不许动，继续站立。

“你们现在不是人。”当美国西点军校的教官们对新学员训完这第一句话后，紧接着的第二句话就是：“你们现在只能说‘是，教官’‘不，教官’，‘明白，教官。’”

帽檐下，穆跃东一双严峻的眼透着亮光，一字一句地训道：“军人站立的位置就是阵地，没有命令，死也不许离开。不管发生什么情况，也不许左顾右盼。如有特殊情况，要先报告……”

正说着，一只小手举了起来，是乔娜。“报……”

她还没有来得及喊完“报告”，身子一歪，昏倒下去。躺在地上，她还保持着立正姿势。

——胡洪波：《中国西点军校》①

“哪里有猪肉香，你就往哪里走。”邹斌仔说。

这是什么话。湖下村的赤贫户与猪肉香，根据种种迹象分析，本该是绝缘的两样东西，怎么能生拉在一起呢？

① 胡洪波著：《中国西点军校》，载于李大同、张可佳主编：《冰点——中国青年报专题报道精选》，安徽人民出版社1996年版，第355—356页。

邹斌仔见我一脸的疑问，神秘地说：“你跟我走就知道了。”沿着一条窄巷，果然越往前走，越是肉香扑鼻。别说是邹柳芽“三月不知肉味”之辈，即是我等，也会馋涎欲滴。

揭开大锅盖，一锅的肉香喷涌而出，顿时满屋子热情洋溢。一锅肉足有二三十斤。柳芽拿着大铁勺，深深地舀了一勺，端到我面前，意思是我可以开怀品尝。

我很感动。可我纳闷的是，周围看热闹的人刹那间静悄悄没了声音，都瞪大了眼睛等着瞧即将发生的一幕。

邹斌仔附在我耳朵上说：“死猪肉。”

这一说不要紧，把我见到一锅肉的兴奋全给搅脏了。一肚子恶心，翻江倒海地往上涌，把嗓子眼堵满了。一时窘住，不知道说什么好。

邹柳芽戏弄我的这场小小的恶作剧，惹得哄堂大笑。

“死猪肉能吃吗？”我惊恐地问。

“怎么不能吃。”

“会不会生病？”

“生病？穷人有穷人的命，穷人有穷人的口福。”

“这病猪从哪里搞来的？”

“猪病死，人家埋了，我们去挖出来，剥洗干净，就煮了这么一锅。”

——卢跃刚：《乡村八记》[①]

2005年11月，当得知北京大学开始进行自主招生、保送生选拔时，满怀希望的张利芬找到了一中高三年级主任。

“但主任拒绝了我们的请求。”张利芬说，“她说一中希望

①《卢跃刚自选集·观察中国》(上)，南方日报出版社2000年版，第427—428页。

李佳参加高考，争状元。而学校推荐她走‘自主招生’。”

与保送不同，自主招生需要参加高考，然后在原成绩上加20分录取。

在张利芬的记忆里，双方随后的对话如下：

“万一考不上怎么办？”

“那是她发挥失常，学校没有办法。”

——马昌博：《“高考准状元”保送之争》[①]

4.引力

对话应为塑造人物性格服务，写作者要通过描写对话来激发读者的想象力和思考，要吸引读者走进人物的内心世界，走进故事之中。

表哥退伍的消息不胫而走，村上没事儿干的男人女人们把舅家围了个水泄不通，他们用调侃的口气说：“小军，开了5年坦克，回来开拖拉机准保没问题。”表哥脸上一阵红一阵白，气得心里像着了一团火。村里人说了一番不冷不热不三不四的话后，都走了，临走时，还有人说什么往后再不能让儿子当这破兵了，没啥用……表哥看着这一切，心里陡生一种莫名的畏惧：万一我真的退伍了，真的是这个样子吗？

第二天早晨，表哥对舅说：“爸，我走了。”舅问：“你到哪儿去，打工人家也不要你，除了开坦克，你会干什么。”表哥平静地说：“爸，我要走了，继续开坦克，我考上了装甲指挥学院，在石家庄。”

儿子考上军校了！舅高兴得合不拢嘴，他很快买来了千头

① 马昌博著:《“高考准状元”保送之争》,《南方周末》,2006年5月18日。

炮，对表哥说："儿子，昨儿个让你受委屈了，都是爸不好，今儿个你去学校，爸为你放炮送行……"

——卢茂亮：《青春无战事》[1]

① 卢茂亮著：《青春无战事》，载于李大同、张可佳主编：《冰点——中国青年报专题报道精选》，安徽人民出版社1996年版，第379页。

第六讲

# 非虚构写作的动作描摹

> 叙事并不是静止不动的，它是一部电影。
>
> ——泰德·切尼[①]

## 一、动作释义

人物的动作与其情感、态度、姿势和表情等一样，都能够反映人物的性格特征和精神品质，使故事变得生动、鲜明且富有活力。

人的动作不是孤立的，而是包括在人的整体活动之中。它以自觉的目的为特征，并总是由一定的动机所激发，因而具有社会性。写作者应赋予所有的动作以明确的意义，使动作能够真实表达人物的情感和想法。

非虚构写作不能离开对人物动作的描摹，形象化的动作描摹既能推动故事的发展，也能让人物形象更加鲜活地呈现在读者面前。

① 转引自刘小兰著：《报纸社区新闻的故事化叙述编辑手法技巧分析》，《新闻研究导刊》，2016年第15期。

1. 贪婪

老头身子一纵，扑上梳妆匣，好似一头老虎扑上一个睡着的婴儿。

“什么东西？”他拿着宝匣往窗外走去。“噢，是真金！真金！”他连声叫嚷，“这么多的金子！有两斤重。啊！查理把这个跟你换了美丽的金洋，是不是？为什么不早告诉我？这交易划得来，小乖乖！你真是我的女儿，我明白了。”

——巴尔扎克：《高老头》①

2. 愤怒

昂山素季承认自己的脾气不太好，缅甸一位老政治家Thakin Chit Maung的回忆佐证了这一点：“她有时会失去控制，做一些缅甸女人不应该做的事情。有一次我们开会，她看见会议室里挂着奈温将军的头像，就变得非常生气，然后大声说：一个刽子手的头像不应该挂在这里。接着她就跳上桌子，把画像扯掉了。要知道在座的每一位与会者都比她年长，我们都被她的行为惊呆了。”

——杨潇：《素季的国度》②

3. 挣扎

评论人潘采夫记得，2005年，他前去接史铁生参加一个活动，看见他“那么瘦弱”，就提出要把他抱进车里。但这个提议却被拒绝了。

---

① 巴尔扎克著，傅雷译：《欧也妮·葛朗台 高老头》，人民文学出版社1983年版，第152—153页。

② 杨潇著：《素季的国度》，《南方人物周刊》，2012年第4期。

直到现在，潘采夫仍然记得这个作家“努力地抓着把手，靠臂力把自己一点点挪进车座”的样子。回程时，史铁生坐在副驾驶的位置上，费劲地举着个小垫子，想挡住西晒的阳光。

“这一趟可能透支他好几天的精力，我看着揪心极了。”潘采夫说。

——赵涵漠：《这只摇了38年的轮椅，停了》[①]

4.痛苦

盥洗室的门仍然锁着。他砰砰砰地敲门，“搞什么，快点，佩里！”

“马上就好。”

“怎么了？你病了？”

佩里抓住洗手台的边沿，支撑着站了起来。他的腿在发抖，膝盖的疼痛令他汗如雨下。他用纸巾擦了擦脸，打开门，说道：“好了，我们走吧。”

——杜鲁门·卡波特：《冷血》[②]

## 二、动作描摹

### （一）与作品主题相符

描摹动作要有助于刻画人物的性格，要有助于营造画面感，更好地表现作品主题，否则动作描摹就没有意义。

① 赵涵漠著：《这只摇了38年的轮椅，停了》，《中国青年报》，2011年1月5日。
② 杜鲁门·卡波特著，夏杪译：《冷血》，南海出版公司2010年版，第52页。

> 在某些故事中，聪明的记者也许会在他的报道中插入故事的一位主角或其他当事人的一些具体动作。他不会让他的人物只是干巴巴地跟读者说话，他得让他们做些事情，任何事情都行。他知道如果不这样，他笔下的人物只能是现实人物的石膏模型，而不是他们本身。
>
> ——威廉·E.布隆代尔[①]

熊育群在《守护苍生：记战“疫”中的钟南山》一文中，通过对钟南山“喜欢坐在病人身边”“拉着病人的手”等细微动作的描摹，为读者展现出一位“视病人如亲人”的好医生形象。

> 钟南山在病房查房时喜欢坐在病人身边细心听病人说话，拉着病人的手询问病情。有的病人身上散发出异味，他也不以为意。开专家门诊他总是提前半个小时到，一直看到晚上七八点，妻子不得不把饭送来。他认为，如果硬以上班8小时画一条线，那不是一个好医生。他是那么细心。冬天的时候，他会先搓暖自己的手，怕手凉让病人不舒服；巡房时，他会给病人送上生日祝福。病人治愈出院，是他最开心的时刻。他从病人的喜悦中找到了自己人生的价值和快乐。
>
> ——熊育群：《守护苍生：记战“疫”中的钟南山》[②]

> 表面上，希科克完全是个无忧无虑的年轻人。在睡觉或找人搭讪之余，他就躺在床上抽抽烟、嚼嚼口香糖、翻翻体育杂

① 威廉·E.布隆代尔著，徐扬译：《〈华尔街日报〉是如何讲故事的》，华夏出版社2006年版，第66页。

② 熊育群著：《守护苍生：记战“疫”中的钟南山》，《光明日报》，2020年3月1日。

志或者平装本的恐怖小说。他经常躺在床上一边吹口哨——最爱的曲子是《你一定曾是美丽的宝贝》《去往水牛城》——一边盯着天花板上那盏不分昼夜都亮着的灯泡。他憎恨灯泡单调的监视，它不但打扰他睡觉，而且还威胁到他心中的秘密计划——越狱。事实上，他并不像表面上那样无忧无虑、那样顺服；他想尽一切办法避免“到绞刑架上荡秋千”。他知道这次审判——任何堪萨斯州的审判都是如此——他避免不了这样的结局。因此他下定决心要“越狱，抢一辆汽车，扬尘而去”。但是首先他必须有一件武器。有几个星期，他一直在自制武器：一把“尖刀”，一把类似冰锥的利刃，从副警长迈耶的肩胛骨捅进去一定可以致命。他做这把刀的材料——一块木头和一段硬铁丝——是从一把偷藏起来的马桶刷上拆下来的，后来一直藏到床铺底下。每当深夜，四周只有鼾声、咳嗽声以及从漆黑小镇传来的圣达菲火车站的汽笛声时，他就开始在牢房的水泥地面上磨铁丝。一边磨，一边心中谋划。

——杜鲁门·卡波特：《冷血》[①]

一大把整齐的扎秧稻草放在密匝匝的秧苗上，人们弯着腰把秧苗一小把一小把地从秧田里拔起来，凑成一束，放在水田里把秧苗根部的泥巴洗去。泥巴不能洗得太干净，秧的根部如果没有一点泥巴的保护，在插的时候容易破坏秧苗的根须而不利成活；泥巴厚了就增加了秧苗的挑运重量，也使秧苗在插秧时粘在一起，不能快速分成一小撮，从而影响插秧的速度。泥巴若能洗得不多不少，那要靠个人洗秧的水平了。

洗好秧苗，从前面抽出几根扎秧草，简单绕拧成细绳，熟

① 杜鲁门·卡波特著，夏杪译：《冷血》，南海出版公司2010年版，第247页。

练地打个活结，快速地把一束秧苗扎了起来，成了一个秧把，随手丢在身后。

不一会儿，后面翠绿的秧把越来越多，一个个士兵一样，雄赳赳气昂昂地站在秧田里，秧尖尖在晨风中瑟瑟飘摇。

——胡建平：《再见吧，双抢》[①]

## （二）与人物身份相符

动作描摹要符合人物身份，不同的人物会呈现出不同的动作，而只有那些人物“专属”的个性化动作，才是写作者需要特别加以关注的。

蔡平在《哪儿是我家》一文中，记叙了安徽农民北上打工的经历。下面这段文字说的是其中一个13岁少年初来北京谋生时艰难生存的场景，这些动作描写就非常符合来自底层人物的贫弱身份。

10年前，安徽无为县，一个13岁的孩子，光着脚，来到他所在的大队部开介绍信。一个月后，他站在北京永定门火车站的一个大坑里。大坑黑洞洞的，足有3米多深，他吃力地一锹一锹挖土，往跳板上扔。上面，包工头看不见干活的人，用喇叭向下喊话；下面，阴暗潮湿，孩子的衣服全被汗水湿透。

在没膝的冰水里，孩子搅拌水泥，1米5的个子，力气小，搅不动，包工头就在后面踹他，踹一脚，骂一句。孩子边哭边干，咬着牙在心里发狠，我不回去！

烈日下，肩上的大麻包装满拣来的破烂，方圆几十里，都

① 胡建平著：《再见吧，双抢》，中国文联出版社2018年版，第2页。

被他的脚走遍。午饭，几个大馒头加一肚子凉水。因为捡了铁路边的物资，他还被抓起来。

寒冬腊月，他站在路边卖花生米。北风里，飘着他凄厉的童音。在清华南门，他蹬一辆借来的破车拉货，晃晃悠悠骑不好，连人带货摔下来，花生米撒了一地。他伤心极了，跪在地上，捧着花生米，放声大哭。旁边工厂里的工人跑出来，急忙劝他："小家伙，别哭，我们帮你。"

在他眼前，是令人目眩的现代化大都市；在他身后，是贫困的家乡；在他细弱的手腕上，带着两个月收入换来的亮闪闪的新手表。他说，我没有退路。

——蔡平：《哪儿是我家》[①]

杨芳《井下25天求生记》中的这段文字，描写了煤矿发生矿难事故后，三名受困井下700多米深的矿工，因为恐慌、无助和疲乏而导致体力严重透支的状况。其中"打开矿灯向更高的平行巷道摸去""接着用矿灯照一下""猫着腰找了两三个小时""三个大老爷们紧紧地挨在一起""搂着小舅子过了一夜"等动作描写，与三名矿工的身份是相吻合的。

在一片黑漆漆之中，三人打开矿灯向更高的平行巷道摸去。据说那里原来是个老煤窑。王矿伟特意拍了拍左胳膊，接着用矿灯照一下，看到灰尘飞舞，以此确定那里有空气。

"没准儿能找到出口!"王圈杰安慰大家。声音传到其他人耳朵里，好像变了形似的，嗡嗡地让人很不舒服。

① 蔡平著:《哪儿是我家》，载于李大同、张可佳主编:《冰点——中国青年报专题报道精选》，安徽人民出版社1996年版，第47页。

在这个巷道里，他们“记不清转了多少个弯”，猫着腰找了两三个小时，还是没有任何结果。

这时已经是6月17日上午12时。

黑暗，无止境的黑暗依然笼罩着他们。不远处的瀑布这时已经变成了汩汩细流。年龄最小的王矿伟发起火来。他说了些脏话，也骂起了老板。

这天晚上，三人决定在上面的巷道过夜。在一个狭小的斜坡上，赵卫星把大块的煤渣搓到旁边，三个大老爷们紧紧地挨在一起。经历了此前的折腾，他们迅速呼呼大睡起来。

只有王圈杰说自己冷得受不了，原来他的外套被水冲走了。这时姐夫把上衣扣子解开，招呼道：“圈，你睡在这上面吧!”就这样，他搂着小舅子过了一夜。

——杨芳：《井下25天求生记》[①]

1. 吝啬的屠户

屠户把银子攥在手里紧紧的，把拳头舒过来，道：“这个，你且收着。我原是贺你的，怎好又拿回去?”范进道：“眼见得我这里还有几两银子，若用完了，再来问老爹讨来用。”屠户连忙把拳头缩了回去，往腰里揣……

——吴敬梓：《儒林外史》[②]

2. 热情的教师

他斜挎着一个大包，快步走在路上。但如果碰到熟悉的老师或同学，他一定停下来，抬起一条腿，把挎包搁在上面，然

① 杨芳著：《井下25天求生记》，《中国青年报》，2009年8月5日。

② 吴敬梓著：《儒林外史》，华夏出版社1998年版，第27页。

后从包里翻出他最新推荐的书和电影碟送给对方。

——赵涵漠、陈卓:《孤独的教育者》①

3.耍酷的打工人

那个顽劣少年梁平是一个很酷的年轻人，和他相处一段时间，尤其是春节在梁庄又和他近距离接触后，我发现，他的冷漠只是酷的外在表现，有着思虑少的年轻人特有的直接和单纯。在一个小饭馆里，梁平斜坐在凳子上，身体朝向另一边，头转向我，说话的时候微微地斜睨着，整个身体姿势有点别扭。目光冷淡，表达出一种率性，随时回答问题，又随时停止，不让人看出他思考的痕迹。

——梁鸿:《出梁庄记——当代中国的细节与观察》②

### （三）与周围环境相符

人物的动作要与周围环境相互依存，写作者应注意人物动作与环境之间存在的协调或者矛盾之处，如此才能产生出与之相匹配的人物情绪。

杜恩湖在《战狼吴京的“前半生”》一文中，描写了主人公吴京与武术队队员争执打斗的场景，其中“猛扑上去”几个字，与吴京来自武术队这样一个特殊的环境是相吻合的。

18岁时，吴京的右脚在比赛中受了重伤，几近残废。他否认那时就想到了“转型”，“哪想那么远？只想给自己谋条生

① 赵涵漠、陈卓著:《孤独的教育者》,《中国青年报》,2012年10月10日。

② 梁鸿著:《出梁庄记——当代中国的细节与观察》,台海出版社2016年版,第247页。

路。我15岁选进了武术队，成为职业运动员。这意味着我不再向家里要钱。在腿瘸后我只有基本工资，还只能拿一年。我知道，队里不能管我一辈子”。

那段时间，他在西四开过一家服装店，忽悠顾客，“哎哟，您穿上这条裤子真有型”。他打心眼里烦自己。队里过去尊称他“京哥”的人也在改口，“吴京，给我打水去。”那次，他猛扑上去，揍得那人直哭，“我说，‘你哭！你再哭我还揍你！’”

——杜恩湖：《战狼吴京的“前半生”》[①]

在董月玲的《202路有轨电车》一文中，早班公交车司机和售票员的一系列动作都发生在“都市的清晨”和“公交车”这样一个特定的时间与空间之中，人物与环境自然而然地融合在了一起。

这时，打更的老师傅推开车场的大门，里边停满了电车，黑暗中，它们就像是一群仍在沉睡的大型动物。如今大连市只剩下三路有轨电车，五一路车场就有两路，打工妹们所在的202路一车队，今天上早班。

于翠艳和她老对儿进了票房，领了皮包、票，五块钱的本钱，然后上了1028号电车，扫地、擦玻璃。

4：05分，202路第一班有轨电车发车了，于翠艳和她老对儿，一个拉车弓，一个扳道岔，干得熟练麻利，她俩都没吃早饭。这条线一共11站，从兴工街到黑石礁，于翠艳她们在这个班上要跑够9圈，中午才能下班。

北方冬天的凌晨，黑而寒冷。

行驶中的老式电车响声大作，铁轨和车轮摩擦着，发出

① 杜恩湖著：《战狼吴京的“前半生”》，《华西都市报》，2017年8月4日。

“哐哐锵锵、哐哐锵锵”的声响，车厢里的木壁、窗玻璃、铁扶手也被震得叮里咣啷地直响。我和她们说话时，要嘴巴对着耳朵，且要大声才能听清。

车到了起点站兴工街，司机从车厢的一头走到另一头，改变行驶方向，老式电车两头都可以开。一连几站都没有乘客，于翠艳不断地喊：“走，司机”，电车便一一过了这些站台。

——董月玲：《202路有轨电车》①

1.在乡村露天剧场

第一场演出安排在晚上，剧目是上党落子传统的《杨七娘》。各种角色轮番上场，说唱哭喊，枪来棍去，锣鼓喧天，煞是热闹。

舞台前的空地上坐满了人，一直蔓延到空地北侧的篮球场，有本村的，也有外村的，有老人、年轻人和小孩，不下五六百人。不过，安心坐着观赏的，大都是中老年人。有个眼神不太好的中年人，甚至借助手机的视频在观赏。舞台上精彩的表演总能换得他们羞涩的掌声。

“年轻人都不喜欢看戏。他们喜欢看歌舞。”赵联秋说。他从事戏曲40年，最终名头也出来了，却发现观众越来越少了，因此时时“感到悲哀”。

不过，露天广场上还是来了很多年轻人。一些是骑着摩托车自行车，甚至开着小轿车从外村赶过来的。男男女女凑在一起，说说笑笑。

“我看不懂。”一个从外村来的小伙子直言不讳，“电视就

① 董月玲著：《202路有轨电车》，载于李大同、张可佳主编：《冰点——中国青年报专题报道精选》，安徽人民出版社1996年版，第38—39页。

那几个连续剧，又长又臭，广告又讨厌，没什么看头。在家里待着又没事，不如出来凑凑热闹。”

他坐在摩托车上，四处张望着。“我们村来了好几个呢，他们不知跑哪里去了。有的是和对象一起来的。”

顺着他的目光看，不远处，几个男女正在说笑嬉闹。看得出，他很期待加入他们。

——郭建光：《边走边唱》①

2.在手术室里

达克尔医生的助手，一个实习医生把凯利夫人的头固定好，剃去她的头发。达克尔医生在一旁注视着。“我们不能出一丝一毫的差错，”他说。又看看夹钳的三个夹脚是否将头颅确实固定住。

凯利夫人身上蒙着绿色手术单，只露出一块六英寸大小的月牙形头部。一只戴有橡皮手套的手刚伸出，手术助理护士多丽丝·施瓦布兰德立即送上器械。止血钳迅速夹住动脉。鲜血溅到达克尔医生的手术衣上。

——乔恩·富兰克林：《惊心动魄的脑科手术》②

### （四）与运动规律相符

描摹动作要符合人体的运动规律，写作者要注意观察人物持续性的动作，要善于将一些连贯性的动作进行分解，从中抓住最具特征的动作，要懂得在描摹动作时尽可能地把握好动作节奏。只有这样描摹出来的动作才具有真实性、可读性，也才能真正抓

① 郭建光著：《边走边唱》，《中国青年报》，2008年10月8日。

② 乔恩·富兰克林著：《惊心动魄的脑科手术》，《巴尔的摩太阳晚报》，1978年12月12日。

住人心。

南香红的《盲艺人的乐与路》一文，记述了太行山深处一群盲艺人的故事。这段文字中的“贴”“看”“递”“摸”“揣”等动作是连贯进行的，很符合盲人特殊的动作规律，不仅生动传神，也让读者感受到了盲艺人对“辛苦钱”的珍惜与爱护。

药成江把几张纸币对着太阳贴在眼前仔仔细细地看了个遍，又把它递到张林庆手上，张林庆一张一张地摸过，又传到陈玉文手里再摸了个遍，才递回来。药成江解开棉衣扣子，把它们揣进贴肉的口袋里。

——南香红：《盲艺人的乐与路》[①]

王伟群《北京最后的粪桶》一文，聚焦了1994年在北京城背粪桶的几名返城知青的故事。当时整个北京市就只剩下7只粪桶了，作者凭借极为精准的观察力，对这些背粪桶师傅劳作的全过程进行了实录。

化粪池的盖子冻上了，樊（编者注：指北京市环卫局清洁队背班的樊班长）用石头砸了半天，再用铁杆把井盖挑开，上面一层是黑色的硬块，用铁杆捅半天，把硬块捣碎，然后用粪勺把它们舀到粪桶里，背桶的人下蹲，把背带背上肩，右脚一使劲站起来，桶就上肩了。粪勺有点长，难免把粪泼到桶的外面，他们的衣服头发上就都溅上一些黄的黑的污点，鞋子上就更免不了。他们穿着一种已经不多见的大头棉鞋。樊说，就这

① 南香红著：《盲艺人的乐与路》，《南方周末》，2003年11月27日。

还是争取了半天才争取到的，我们的工作服一年就一身。我问为什么没有口罩，他说原来有，后来就不发了，不戴口罩还喘粗气，戴上就别呼吸了。

——王伟群：《北京最后的粪桶》[①]

众目睽睽之下，这位衣着时髦的女孩俯下身子。她看到的这个可怜人没有了呼吸，身边又无亲人。如果在家乡，谁遇到这种情况也会出手相助的。女孩双膝跪下，细心地扶正病人身子，垫高脑袋，用双手挤压胸部，几番急救，未能奏效。此时，围观者眼里意想不到的情景出现了。女孩在无人帮助的情况下，情急之中，跪伏在那张脏兮兮的脸上，张开红唇，一呼一吸做起了人工呼吸。温暖而强大的气流一次次冲击着病人胸膛，那位可怜的人脸色由青紫而红润，慢慢醒来，睁开双眼，看到了一张天使般的面孔。也许是精神受到刺激，也许是出于羞涩，苏醒过来的这位乞丐模样的人，站起来后，没有道一声谢谢，就悄悄走了。而女孩和她的同学就像在路边做了一件寻常好事一样，释然地返回学校。

——班彦钦：《一跪惊天下》[②]

王福姑爷迎了出来，他至多一米五多一点，黑红的、风吹雨打的一张脸，两只小眼睛倒是很亮，闪着狡黠的光。此时，他的脸涨红着，手相互搓着，不知道怎么招呼我们。青焕的侄儿合伟从后面跟了出来，对他姑夫的木讷很是瞧不上，把我的背包拿下来，放在沙发上，让我们坐下来，又张罗着找杯子、

① 王伟群著:《北京最后的粪桶》,载丁丁柏铨、胡素华编著:《通讯范文评析》,新华出版社2001年版,第108页。

② 班彦钦著:《一跪惊天下》,《山西日报》,2011年12月6日。

倒茶。五十多岁的王福姑爷一直张着两只手，小眼睛笑得眯在了一起。

——梁鸿：《出梁庄记——当代中国的细节与观察》①

走进门的贾法瑞嘴巴张成了O形。他把书包往后一甩，瘫靠在双人沙发上，模样就像刚爬完一整层楼梯的老人。

“贾法瑞，去拿我的包包。”阿琳说。

儿子点头朝卧室走去。等他出来，阿琳接过手包，抽出一支舒喘宁摇了摇。贾法瑞用嘴巴含住吸入器，深深吸了口气。但两个人没配合好、第一次他错过了时机。“把气吐出来，别再胡闹了。”阿琳有些生气。

第二次贾法瑞还是没有抓准时机，所幸第三次终于把药送进了肺里。吸完药后贾法瑞屏住呼吸，鼓起双颊，就像小孩子跳进泳池前在岸上所做的准备运动那样。阿琳则在一旁数，“一……二……三……”数到十后，贾法瑞吐气并重新换气，终于露出笑容。阿琳也对贾法瑞报以微笑。

——马修·德斯蒙德：《扫地出门：美国城市的贫穷与暴利》②

① 梁鸿著：《出梁庄记——当代中国的细节与观察》，台海出版社2016年版，第205页。

② 马修·德斯蒙德著，胡䜣谆、郑焕升译：《扫地出门：美国城市的贫穷与暴利》，广西师范大学出版社2019年版，第76页。

第七讲

# 非虚构写作的细节刻画

细节里的历史是更可感知的历史。作为人类，我们对生活在其他时代的人感兴趣，不会满足于粗线条的、宏观的叙述，不会只关切重大事件，更能让人感同身受的，是细节，是当事人的感受。

——关军①

## 一、细节释义

所谓“细节”，是指那些能够影响全局但又容易被人忽略的细微物件或行为。细节是新闻和文艺作品中描绘人物性格、事件发展、自然景物和社会环境等最小的组成单位。

细节是故事的“颗粒”，是故事的“毛细血管”，是故事展开的链条，是人物的镜像。细节既是描写人物形象、人物性格、故事情节和环境特征的最小单位，也是表现事物各种感性特征的最小材料。作为最真实、最原始、最形象的传播文本，细节让故事

① 转引自刘蒙之、张焕敏著:《非虚构何以可能:中国优秀非虚构作家访谈录》,中国社会科学出版社2018年版,第109—110页。

我们要用求圆周率π的精神，去提问，每一个提问，让3.141592……这个小数点往后精确一位。

——从玉华[①]

有了“温度”。当一个个细节被串联在一起时，引人入胜的故事就水到渠成了。

细节描写是非虚构写作最常规使用的“武器”之一，它可以建构真实、可感的场景，可以塑造有血有肉的人物，可以增添故事的感染力，可以凸显事件的真实性，可以深深地吸引读者阅读。

需要指出的是，有些细节是有效细节，而有些细节则是无效细节、甚至是有害细节。因此，写作者需要着力刻画的应是有效细节，这些细节必须为作品主题服务，否则细节越多就越会冲淡主题。

熊育群在《守护苍生：记战“疫”中的钟南山》一文中的这段细节描写，既反映了党和国家领导人对钟南山等抗疫专家、学者的敬重，也从一个侧面凸显了钟南山作为德高望重的呼吸病学专家在人民心中的重要位置。

座谈会在中国疾控中心召开，李克强总理亲自参加，就进一步加强科学防控疫情听取专家意见。总理进入会场，对专家说，本该与大家握手的，但按你们现在的规矩，握手就改拱手了。会议结束，李克强总理与专家们告别，他特意走过来对钟

① 从玉华著：《再广大的悲伤，也比不上一个小人物具体的悲伤》，知乎书店，http://www.zhihu.com/pub/reader/119638304/chapter/1167113651961544704.

南山说："还是握一次手吧！"

——熊育群：《守护苍生：记战"疫"中的钟南山》[①]

## 二、细节刻画

### （一）人物细节

人物细节主要包括家庭背景、教育水平、工作经历、经济状况、情感历史、自我认知、价值观、政治倾向、习惯和爱好等要素。

写作者要善于抓取人物最重要的细节加以细致刻画，从而为人物注入旺盛的生命力。

1.肖像细节

对人物的外貌、外形等外部特征进行细节描写，可以让人物"立体"起来，使读者对人物留下更加直观的印象，并且能够在一定程度上反映人物的精神风貌。

谢伦娜与昆汀是多年前在丰迪拉克大道（Fond Du Lac Avenue）认识的。等红灯的时候，昆汀刚好骑车停在谢伦娜旁边。谢伦娜有着迷人的笑容，她的车载音响声音很大。谢伦娜记得昆汀当时骑的是一辆Daytona（戴通纳，骑的时候往前倾的那种），但昆汀坚持自己骑的是辆Regal（像骑哈雷那样向后倾）。"我怎么会骑着Daytona跟人搭讪。"他一脸不服气地说。昆汀看上去非常利落，虽然不是肌肉发达的类型，但很精壮。他一头鬈发，身上戴了不少饰物，一条大粗链子，一条更粗的手

① 熊育群著：《守护苍生：记战"疫"中的钟南山》，《光明日报》，2020年3月1日。

链，还有几枚戒指。谢伦娜觉得这个人看起来像是贩毒的，但还是给了他电话号码。昆汀足足打了三个月的电话才把谢伦娜约出来吃冰激凌，又花了六年时间让谢伦娜变成自己的老婆。

——马修·德斯蒙德：《扫地出门：美国城市的贫穷与暴力》①

72岁的宫崎骏这次没有罩在标志性的白色大围裙里。他穿着白西服，白须白发，只有眉毛还是黑的。9月6日，站在为他退休发布会赶来的600多名记者前，宫琦骏批评自己：之前说过好几次退休，搞得大家都不相信了。

“但是这次……”他表情严肃起来：“是认真的。”

说完却扑哧笑出来，笑完又不好意思似的，抬头挠了挠头顶的白发。

——刘钰欣：《“分裂者”宫崎骏》②

2.语言细节

对人物使用的、符合其身份的典型语言细节进行描写，可以彰显人物的个性。

一天，孔繁森对妻子王庆芝说：“我带你和孩子们到北京玩几天吧！”妻子感到很奇怪：别说是去北京，就是在聊城，繁森也从来没闲空陪自己和孩子们出过门，这一次是怎么了？带着疑惑的心情，王庆芝和孩子们跟着他到了北京，游览了天安门和长城。途中，孔繁森话里有话地对妻子说：“到了北京，就等于走遍了全国。以后我无论走到哪里就像到北京一样，你

① 马修·德斯蒙德著，胡䜣谆、郑焕升译：《扫地出门：美国城市的贫穷与暴利》，广西师范大学出版社2019年版，第22页。

② 刘钰欣：《“分裂者”宫崎骏》，《南方人物周刊》，2013年第31期。

和孩子们别牵挂。”听了这番话，王庆芝似乎有了某种预感。从北京回到聊城后，孔繁森一直在想怎样对妻子开口。一天夜里，他终于鼓起勇气说：“庆芝，组织上又安排我进藏了……”话还没说完，王庆芝的眼泪已像断了线的珠子滚落下来。看着妻子难过的样子，孔繁森的心里也一阵阵发酸。他动情地说：

“庆芝，我欠你的太多太多了！等从西藏回来，我一定会加倍地补偿。”

“你就放心去吧”，王庆芝抽泣着说，“一个人出门在外，好好保重身子。”在那些日子里，王庆芝一边为丈夫收拾行装，一边悄悄地抹泪。要走了，孔繁森默默地站在母亲面前，用手轻轻梳理着母亲那稀疏的白发，然后贴在老人的耳朵旁，声音颤抖地说：

“娘，儿又要出远门了，到很远很远的地方去，要翻好几座山，过好多条河。”

“不去不行吗?”年迈的母亲抚摸着他的头舍不得地问。

“不行啊，娘，咱是党的人。”孔繁森的声音哽咽了。

“那就去吧，公家的事误了不行。多带些衣服、干粮，路上可别喝冷水……”

想到也许这是同年迈多病的老母亲的最后一面，孔繁森再也抑制不住内心的感情，“扑通”跪在母亲面前：“自古忠孝不能两全，娘，您要多保重！”说完，流着眼泪给母亲深深磕了一个头。

——何平、朱幼棣、陈雁等：《领导干部的楷模——孔繁森》[①]

① 何平、朱幼棣、陈雁等著：《领导干部的楷模——孔繁森》，《人民日报》，1995年4月7日。

当小陈最终找进附一院时，他向护士比画着一个“20多岁，1.6米高的女孩”时，护士的表情十分震惊，“你是她的家属吗?”

那时，小陈突然意识到，自己之前抱有的一丝希望也已经成为泡沫。他从护士那里看到了一张抢救时的照片，又随管理太平间的师傅去认遗体。女孩的脸上只有一些轻微的剐蹭，头发还是散开的，“表情并不痛苦，就好像睡觉睡到了一半，连嘴也是微微嘟着的”。

他不敢相信这就是自己的“包子妹妹”。但是，没错。他随后打电话给另外几位同学，“找到朱平了，在附一院”。

黄一宁冲进医院大门时看见了小陈，“朱平在哪里?”

小陈没说话，搂着黄一宁的肩膀，过了好一会才说，“朱平去世了”。

两个男孩坐在花坛边上，眼泪不停地往下掉。小陈又说，“可能是我看错了，所以让你们来看一下”。

黄一宁终于在冰柜里看到了那个女孩，她的脸上长了几颗青春痘，脖子上的项链坠子是一个黄铜的小相机，那正是他陪着朱平在北京南锣鼓巷的小店里买的，被朱平当成了宝贝。

那一天，他们一起看了这条巷子里的“神兽大白”，“就是一只叫得很难听的鹅”。那一天，朱平炫耀了自己手机里用3元钱下载的“摇签”软件，还为自己摇了一个“上签”。

“你知道吗？我们俩都计划好了回温州要一块玩，一起去吃海鲜。可是看着她就躺在太平间里，我接受不了。”回忆到这里，黄一宁已经不能再说出一句话，大哭起来。

——赵涵漠：《永不抵达的列车》[①]

① 赵涵漠著:《永不抵达的列车》,《中国青年报》,2011年7月27日。

一个象征细节，人物的某个特定动作等，都有一种潜在的讲述功能，不是讲述消失了——除非你对它视而不见——而是讲述以隐蔽的方式出现，变换了形式而已。

——韦恩·布斯[①]

现在已经是一家杂志主编的许庆亮还记得，2003年，自己曾去采访史铁生。这个轮椅上的作家从容地谈论着死亡，身体却处在极度虚弱之中。在接受采访一个多小时后，他叹了一口气，说："对不起，我累了，觉得喘不过气来。"

许庆亮试探地问，病情是否有好转，有没有哪一天可以摆脱透析。史铁生却回答道："肯定有这么一天，那一天我就死了嘛。"说着，他哈哈大笑起来。

——赵涵漠：《这只摇了38年的轮椅，停了》[②]

3.动作细节

动作变化往往是人物心理发生变化的结果，因此描写人物的动作，可以使读者窥见人物内心的情感活动。

古老的柳树根，把驿道拱坏了。驿道也随着地势时起时伏，石片砌的边缘处，常见塌陷，所以路很难走。河里也不见船只。

阿圆扶着我说："妈妈小心，看着地下。"

我知道小心。因为我病后刚能独自行走。我步步着实地走，省得阿圆搀扶，她已经够累的了。走着走着——其实并没

① 韦恩·布斯著，付礼军译：《小说修辞学》，北京大学出版社1987年版，第6页。
② 赵涵漠著：《这只摇了38年的轮椅，停了》，《中国青年报》，2011年1月5日。

有走多远，就看见岸边停着一叶小舟，赶紧跑去。

船头的岸边，植一竿撑船的长竹篙，船缆在篙上。船很小，倒也有前舱、后舱、船头、船尾；却没有舵，也没有桨。一条跳板，搭在船尾和河岸的沙土地上。驿道边有一道很长的斜坡，通向跳板。

阿圆站定了说："妈妈，看那只船艄有号码，311，是爸爸的船。"

我也看见了。阿圆先下坡，我走在后面，一面说："你放心，我走得很稳。"但是阿圆从没见过跳板，不敢走。我先上去，伸手牵着她，她小心翼翼地横着走。两人都上了船。

船很干净，后舱空无一物，前舱铺着一只干净整洁的床，雪白的床单，雪白的枕头，简直像在医院里，钟书侧身卧着，腹部均匀地一起一伏，睡得很安静。

我们在后舱脱了鞋，轻轻走向床前。只见他紧抿着嘴唇，眼睛里还噙着些泪，脸上有一道泪痕。枕边搭着一方干净的手绢，就是他自己带走的那条，显然已经洗过，因为没一道折痕。船上不见一人。

该有个撑船的艄公，也许还有个洗手绢的艄婆。他们都上岸了？（我只在心里捉摸）

我摸摸他额上温度正常，就用他自己的手绢为他拭去眼泪，一面在他耳边轻唤"钟书，钟书"。阿圆乖乖地挨着我。

他立即睁开眼，眼睛睁得好大。没了眼镜，可以看到他的眼皮双得很美，只是面容显得十分憔悴。

——杨绛：《我们仨》[①]

①《杨绛文集·散文卷》(下)，人民文学出版社2009年版，第141页。

楼下已集中了好几个收破烂的外地人。

“谁要?”

“大哥，这破被子也送给我吧。”一个小伙子迅速把褥子接了过去。我一看，果然，这些车上，已经堆了台灯、笔筒、花瓶以及一些锅盆之类。怪不得老太太埋怨说不让收，是这里有人收了。

“别给我扔呀!”朱玫的母亲突然在身后大叫一声，二话没说，上来就拽褥子。

我们全愣了，回头一看，老太太的脸都急红了。她一转头，又发现了车上的东西，就放开手走过去，想说什么，嘴唇动了动，没有说出来，只是依次用手摸。

“妈妈，你别舍不得，我都给你们换新的。”朱强搂着母亲肩膀。老太太不说话，一扭身，上楼去了。

等我们回到楼上，老太太已经坐到屋里，眼圈红红的。

——蔡平：《搬家》[①]

4.装扮细节

从人物的穿着打扮上能够发现人物的许多特征，如人物的职业、性格以及精神状态等。

诺曼·梅勒在《夜幕下的大军》中描写了一群试图为五角大楼“驱魔”的嬉皮士，他们身上的奇装异服、使用的乐器、哼的曲子、做的动作和姿势等都被描摹得历历在目，鲜活生动，极富表现力，既显示出现场的狂热气氛，又将嬉皮士的荒谬描绘得淋

① 蔡平著:《搬家》,载于李大同、张可佳主编:《冰点——中国青年报专题报道精选》,安徽人民出版社1996年版,第319—320页。

漓尽致。

现在他们身披橙色、黄色和玫瑰色的彩色披肩，看上去像印度宗教首领、法国滑膛枪手和南方骑士头目。姑娘们看他们表演，事实上也跟他们一起站在台上，颈上挂着彩色念珠、皮铃——穿拖鞋的，戴花的，戴钢架眼镜的为数众多。音乐，或者说表演，刚刚开始，和莎士比亚戏剧演出相似，报幕人总会摆噱头说会有很大的乐趣。此时梅勒才知道原来这是为五角大楼驱魔的开始。

——诺曼·梅勒：《夜幕下的大军》①

即使面对陌生人，张春义也像多年老友一样亲切，厚厚的嘴唇笑时露出牙龈。多数时候，她穿着普通服务员的白衬衫，隐匿在用餐高峰期的人流里，帮着传菜，提锅；去见重要的客户时，她会套上精心挑选的黑色窄腰西服。她告诉《人物》记者，客人投诉时会挑着眼看人——她边说边惟妙惟肖地模仿客人冷漠的样子——这时，西服能给她自信。

多年前，她第一次当店长，职能部门来检查，很少和“公家人”打交道的她很害怕，都不知道该穿什么衣服，最后穿了海底捞的工装。

——龚菁琦：《海底捞的女人们》②

那年开学前，妈妈在镇上给我订做了几件浅蓝的和阴丹士林布（洗一辈子也不褪色，到台湾后几乎没看到过）的制服长

① 诺曼·梅勒著，任绍曾译：《夜幕下的大军》，译林出版社1998年版，第126页。
② 龚菁琦著：《海底捞的女人们》，《畅谈》，2019年第1期。

衫，因为我要上高中了，不能再穿童军服了。有一天早上我穿了一件浅蓝短袖的制服，从家门口小坡走上田埂，走那种长满了草的窄田埂需要灵活的平衡，两旁的稻田在大雨后积满了水，在一低头之际，我看到了稻田水里一个女孩的倒影，那是穿了长衫的我啊！我正伸着双手保持平衡，满脸的快乐与专注。头上的天那么高，那么蓝，变化不已的白云飞驰过去。十六岁的我，第一次在天地之间，照了那么大的镜子。

——齐邦媛：《巨流河》①

他们故意穿得痞里痞气，走上来准备挑衅利物浦队的粉丝时，遇见的却是一群穿得像女孩子的“痞子”！利物浦的粉丝的头发上撒着亮粉，看起来好像刚刚吹过一样——前面的头发垂下来，遮住一只眼睛，后面却是短短的，做成一种渐变的效果。他们坐在看台上，穿着休闲服装：虽然都是运动服，但都极为昂贵。牛仔裤都做得非常精细，在裤脚的地方不仅有特别做成的磨损效果，还有分叉剪裁，使得裤脚在鞋子之上一点点的地方恰好分开。超紧贴身的、漂得泛白的西班牙洛伊斯牛仔裤可能是那个年代最有标志性的牛仔裤——配上只鞋端有一点白色、其余全黑的阿迪达斯桑巴球鞋，就是最经典的搭配。这种球鞋在今天都还能买到，它应该是阿迪达斯卖得最好的球鞋，一般会配上斐乐的特林达运动装上衣或者贝纳通的橄榄球衣来穿。那个时候，我们总是学着一些最经典的人物来搭配衣服。

——克莱格·泰勒：《伦敦人：大城市的日与夜》②

① 齐邦媛著：《巨流河》，生活·读书·新知三联书店2012年版，第75页。

② 克莱格·泰勒著，华苑译：《伦敦人：大城市的日与夜》，湖南文艺出版社2020年版，第152—153页。

## （二）环境细节

环境既可以是建筑、场所、陈设等人造景物，也可以是季节变化、风霜雨雪、山川湖海、森林原野等自然景观。

环境细节描写可以增强作品的真实性和可信性，可以为下文的叙述进行铺垫，也可以表露出写作者的某种情感。

加拿大口述史作家克莱格·泰勒历时5年，不分昼夜地穿梭在英国伦敦的各个角落，他从200多次的访谈中选取出85位普通人的生活故事和工作经历，运用极为细腻的笔触，通过对一个个环境细节的描述，为读者勾勒出了真实、可感的伦敦城市风貌。

> 伦敦令我惊讶的一点就是，房子的正门口就是垃圾桶所在地。人们把垃圾放在自家房子门口。我真觉得这个难以置信。还有一件事，就是你可以看到孩子们手里拿着麦当劳，吃着巨无霸套餐，吃完就直接把包装袋丢下，把包汉堡的纸随手一扔，可乐杯也直接扔掉。他们走过去，后面留下一路的垃圾。到处都是垃圾。
>
> 天气好的时候，伦敦其实是一个美丽的地方；好天气让人的心情也好起来，每个人都在微笑。但是一年其余的350天里，天气都很糟糕。你要不是在雨中站着等公交车，要不就是在站台瑟瑟发抖地等火车。天好像总是在下毛毛雨；没有毛毛雨，留给你的就是阴沉的天加上无尽的寒冷。在伦敦的第一个冬天，我真的感到好冷，那种寒冷好像深入骨髓一般。我记得自己去泡热水澡，想要暖和起来，在澡盆里却仍然感到冷。还有一种情况，就是我冷得不得了，身体却在冒汗。那简直是寒

冷的“伦敦之汗”。

大多数时候，所有东西都是灰色的，云低低地压下来，根本看不到远景。高楼大厦之上什么都没有，也没有地平线。你永远都身处在钢筋水泥之间，明白吗？属于你的空间就只有你面前的这个街区和旁边的两个街区，而这片空间的中心永远是一片低沉的云翳。我一直这么认为：如果你住的地方很拥挤，那么你的精神一定也很压抑。伦敦真是一个让人幽闭恐惧发作的地方；这里似乎也总是充斥着愤世嫉俗的情绪和消极的态度——它们入侵着人们的思想。

在步行距离内，你永远找不到一家像样的超市；所以，你总要走很远的路去买日用品。购物简直跟完成任务一样。我最讨厌的就是食物的一成不变。而当你去乐购超市，食物却都是一样：垃圾！水果和蔬菜都很糟糕，而加工食品嘛，在电视上做广告的那些食品还好，但是水果、蔬菜和肉类可真要把我逼疯。在伦敦的最后一年里，我真是受够了。我总是走进乐购超市又走出，却什么都没买成。

我这么想：你知道吗，这个环境真是有毒。没有阳光，没有新鲜空气。你揉揉眼睛，擤擤鼻子，里面出来的都是黑色的东西。这个环境对人体有害，对健康生活无益。太多人争着挤上地铁，每个人都在赶路，每个人都心情不好。你不能跟陌生人说话。当你独自走在人行道上，旁边车水马龙，感觉有一百万人在街上——比如在高峰期的牛津街上——没有一个人会给你让路。然后你要开始走得越来越坚定，越来越强硬。你必须使用这样的态度：我就是要直走，要让路的人是你。最后，这样的态度就变成你日常生活的一部分。你完全不跟任何人产生眼神接触。你看起来就是不开心。你在伦敦住久了，就一定会形成这种态度。

——克莱格·泰勒：《伦敦人：大城市的日与夜》[1]

我用这把小学生用的铅笔刀，一页一页精心地将黏在一块的页码挑剥开，展开。

…………

我带着十分的虔诚来阅读《邹氏族谱》。偶尔有只小飞蛾扑到蜡烛的火焰中，烧出一股异味。族谱乃上好的宣纸印制，已是旧黄色。周围静悄悄的，能听见剥去丝状物质时轻微的撕裂声、呻吟声。

——卢跃刚：《乡村八记》[2]

风雪铺天盖地而来。北风响着尖利的哨音，积雪有半尺厚。焦裕禄迎着大风雪，什么也没有披，火车头帽子的耳巴在风雪中呼扇着。

——穆青、冯健、周原：《县委书记的榜样——焦裕禄》[3]

10月14日，秋阳明晃晃的午后，在高密东北乡孙家口村的大片胡萝卜地里，我听到蚂蚱扇动翅膀的声音和秋虫的鸣唱，想起《透明的红萝卜》里，老铁匠仰起脸，随意地哼唱了一句说不出是什么味道的戏文来："恋着你刀马娴熟通晓诗书少年英武，跟着你闯荡江湖风餐露宿吃尽了世上千般苦。"

田地边上，秋水流淌，这是《红高粱》里"我爷爷"狙击

① 克莱格·泰勒著，华苑译：《伦敦人：大城市的日与夜》，湖南文艺出版社2020年版，第21—23页。

②《卢跃刚自选集·观察中国》(上)，南方日报出版社2000年版，第468—469页。

③ 穆青、冯健、周原著：《县委书记的榜样——焦裕禄》，新华社，1966年2月7日。

敌人的地方。如今这里有野菊花、蒲公英、玉米、白杨，就是没有高粱。

一对夫妻在收割地里的大头菜，这六亩半的大头菜能给这个家庭带来一万块的毛收入，大头菜之前种的是土豆，土豆带来的毛收入是两万块，这三万块钱就是他们全年的所获，去掉成本，一年的利润是五千元。我问他俩：你们幸福吗？丈夫说：挺好的。妻子说：够用了。

“拍巩俐骑着毛驴过桥的时候，我就在旁边看着。”丈夫笑呵呵地说。他知道电影《红高粱》得了金熊奖，但这几天在地里忙着干活，还不知道莫言已经得了诺贝尔文学奖。

建于清朝的石桥还在，日复一日的劳作在这里从未停止。那些魔幻的现实呢？当我向夫妻俩告别的时候，那位妻子说她是越南人，老家在距离西贡80公里的村庄，1992年嫁到此地。她的身份让这片土地显露出了魔幻的一面。

回去的路上，摄影记者指着前方说：快看，快看。一条黄鼠狼跳跃着穿过公路。在中国的传统故事里，黄鼠狼是神怪的化身。车子继续往前行驶，这回是我指着天空说：快看，快看。车窗左上方的天空竟然出现一朵七彩云团。加西亚·马尔克斯曾说，我写的不是什么魔幻，而是拉丁美洲的现实。莫言也说，“故乡留给我的印象，是我小说的魂魄，故乡的土地与河流、庄稼与树木、飞禽与走兽、神话与传说、妖魔与鬼怪、恩人与仇人，都是我小说的内容”。

——卫毅：《莫言的国》①

① 卫毅著：《莫言的国》，《南方人物周刊》，2012年第36期。

## （三）物品细节

不同的物品有着不同的特征，即便是同一件物品，在不同的环境下也会呈现出不同的表征意义。写作者要注意观察具体和生动的物品细节，在描写这些细节时，要尽可能地让物品“储存”更多的信息，以辅助故事情节进一步向纵深发展。

> 迪克开着一辆一九四九年的黑色雪佛兰。佩里钻到车里以后，检查了一下后座，看看他的吉他是否安然无恙。昨天晚上，给迪克的一群朋友演奏完，他忘了把吉他拿走，结果落在了车里。这是一把很旧的吉布森牌吉他，经过砂纸打磨，上过蜡，外表呈淡黄色。在吉他旁边还有另外一些东西：一把崭新的十二毫米口径的半自动猎枪，枪管镀着一层烤蓝，枪托上刻着猎人瞄射野鸡的图案；此外还有一个手电筒，一把钓鱼时用的小刀，一副皮手套，以及一件装满了子弹的打猎马甲。一切都给此刻增添了诡异的死静气氛。
>
> “你就穿这玩意儿?”佩里指着马甲问道。
>
> 迪克用指节笃笃地敲着挡风玻璃说：“打扰你了，先生。我们是出来找猎物的，迷了路。能用一下电话吗……”
>
> ——杜鲁门·卡波特：《冷血》[①]

> 2008年12月29日，北京长安街上，“山寨春晚”总导演老孟正驾驶着他的白色面包车混迹在车流中，招致了极高的回头率——两条充满反叛精神的横幅贴在车外，上书“向央视春晚叫板，给全国人民拜年”。

① 杜鲁门·卡波特著，夏杪译：《冷血》，南海出版公司2010年版，第20页。

老孟一手打着方向盘，一手将响个不停的手机交给旁边的助手——找他的记者太多了。

车内凌乱的物件很好地说明了主人的身份，一件熨好的白色礼服，一扎散落的胶花，一台便携式摄像机——老孟是一个婚庆摄影师。

——叶伟民：《“山寨春晚”变形记》①

### （四）数字细节

任何故事都少不了数字的介入，数字有时仅仅只是单纯表示“量”的，有时却是一种“质”的反映，并且能给人以形象化的联想。

数字可以使故事锦上添花，也可能让故事枯燥乏味，因此写作者应想尽一切办法，将数字用活、用好。

王天挺的《北京零点后》一文，全篇6000多字，共出现了158个数字，这些数字不仅印证了所述事实的真实性、准确性，而且也使文章读起来更富有趣味、更有节奏感。

深夜里，还有一些你意识不到的重要部门在默默运转。在东直门附近的北京油气调控中心，包括周晓莹在内的60名夜班天然气调度员，正在直接指挥1000多个天然气管道，为这座城市输送它赖以生存的血液（每小时平均输送200万立方米）。而当夜间的修路工把一卡车沥青卸到地面时，北京冬夜的地面温度瞬间能达到130摄氏度，如果不小心踩上去，2厘米厚的胶靴底也会被融化。

① 叶伟民著:《“山寨春晚”变形记》,《南方周末》,2009年1月15日。

在夜间的灯光卫星图上，北京城会呈现出一个类似于神龟的图案。组成这幅图案的是存在于公共建筑物里的约1000万个灯泡，和分布在全市区的18万余盏路灯，这些路灯由一个叫作北京市路灯管理处的部门负责。从1906年北京第一次出现电路灯开始，北京的路灯维修人员已经在深夜里穿梭了一百多年。

——王天挺：《北京零点后》①

单霁翔2012年出任故宫博物院院长后，颠覆了四平八稳的既有形象。他上任后，用一年半时间建了中控室，65面大屏幕，指挥着3300个高清摄像头，随后在采访中慢悠悠地对小偷放话“不要惦记故宫”。

7年间，许多改变肉眼可见——不再满地垃圾、房上没有了杂草、紫禁城打破500年惯例禁了烟、增加了女卫生间和让游客休息的长椅。最难的是拆临建，数十年里，故宫博物院里积累了137栋临时建筑，有食堂、有办公室，有库房和花房，也有员工浴室和车库，总面积14800平方米。彩钢房不阻燃，有安全隐患，另外一些临建虽然具有功能性，但破坏了古建筑群的美观，这些都在几年的时间里陆续被拆除了。单霁翔亲自动手拉倒了午门下的彩钢房的房顶，留下他自称“有点作秀”的照片。

——裴晨昕：《夹缝里的单霁翔》②

---

① 王天挺著:《北京零点后》,《人物》,2013年第2期。

② 裴晨昕著:《夹缝里的单霁翔》,上观新闻,https://web.shobserver.com/news/detail?id=144262.

## （五）背景细节

所谓“背景”，是指那些需要向读者介绍的历史、缘由、意义等，它主要包括历史背景、人物背景、地理背景和科学背景。

背景描写能让读者更加全面地了解与人物和事件有关的情况，从而加深对作品主题的理解。

1.历史背景

丹尼尔·比尔在《死屋》中使用了大量的档案资料，叙述了从19世纪初到俄国革命期间超过100万人被流放到西伯利亚的悲惨历史，下面这段描写就比较详细地交代了俄国流放制度起源的一些背景知识。

> 俄国人向西伯利亚的层层推进是势不可当的。莫斯科使者、正规兵、外国雇佣兵、商人以及来自俄国西南部的顿河和第聂伯河地区的哥萨克移居者，这些形形色色的人沿着额尔齐斯河、鄂毕河以及它们的支流不断向东前行。他们在那里建立了要塞，用来充当军力投射和向西伯利亚当地部落收集贡赋的节点。秋明市创建于1586年，托博尔斯克也于次年建立。至1600年，俄国军队声称乌拉尔山和鄂毕河之间所有的土地归其所有，并向东朝着下一条西伯利亚大河继续推进，即1600千米之外的叶尼塞河。进一步的征服活动随后出现：曼加泽亚在1601年创建，托木斯克在1604年创建……至1630年，西西伯利亚有了约50个设防的村庄，俄国人在叶尼塞河畔的叶尼塞斯克和克拉斯诺亚尔斯克建立了前哨基地。仅仅12年之后，他们越过了西伯利亚最后一条南北向的大河——勒拿河，并在雅库茨克稳固建立了自己的势力，这最终提供了到达位于北极

圈的荒凉流放地的途径。至1649年，他们已经抵达北太平洋沿岸，建立了鄂霍次克海港。9年后，他们又推进了2000千米，到达了距离阿拉斯加的威尔士王子角不到160千米的白令海峡岸边。

正是在俄国向这片大陆的东部发动征服和殖民的过程中，我们可以看到流放制度的起源。

——丹尼尔·比尔：《死屋》①

2010年11月，缅甸举行了20年来首次全国大选，选后一周，政府释放了昂山素季；2011年3月，国家权力移交给议会任命的文官政府，统治缅甸多年的丹瑞将军退居幕后。总统吴登盛上台之初宣布将要推行民主，但动作寥寥，“于是我们都很悲观，”缅甸一家新闻周报的主编U Thiha Saw说，“然后到了8月19日，总统突然会见了昂山素季，这让所有的人都大跌眼镜：发生了什么？”

这次会面成为缅甸的U形拐点，自此以后，作为走向和解的象征之一，昂山素季的名字不再是一个禁忌，她的头像开始出现在媒体头版和大街小巷，官方媒体对她和NLD（全国民主联盟，昂山素季领导的反对派政党）持续20年的攻击也偃旗息鼓。

——杨潇：《素季的国度》②

2. 人物背景

熊育群《守护苍生：记战“疫”中的钟南山》一文，介绍主人公钟南山出身于“医学世家”和“体育世家”的背景，丰富了

① 丹尼尔·比尔著，孔俐颖译：《死屋》，四川文艺出版社2019年版，第33—34页。
② 杨潇著：《素季的国度》，《南方人物周刊》，2012年第4期。

读者对这位抗疫英雄的认识。

他的家庭，是医学世家，也是体育之家。他的父亲是儿科专家，母亲是高级护理师，都曾赴美深造。他的儿子是主任医师、博士生导师。他的妻子曾是篮球明星，担任过中国篮球协会副主席，曾作为中国女篮副队长出征1963年亚洲太平洋新兴国家运动会。他的女儿是优秀蝶泳运动员，曾打破过短池游泳的世界纪录，获得世界短池锦标赛100米蝶泳冠军。儿子也是医院篮球队的“中流砥柱”。钟南山本人则在首届全运会上以54.4秒的成绩打破400米栏的全国纪录，一举夺冠。1961年，他还获得了北京市十项全能亚军。钟南山高龄之下抗击疫情的毅力与体力都能从这里找到答案。他奔走各地之间，两脚仍然生风。

——熊育群：《守护苍生：记战“疫”中的钟南山》[①]

白纳德·A.杨的办公室很狭小，位于第五十一街与百第汇大道交汇处，门上写着14家公司的名字，可以说，杨先生对这14家公司都有一言九鼎的绝对权力——因为他是这些公司的总裁、董事会成员和唯一的成员。杨先生承认，门上写着14家公司的名字会引起陌生人的好奇，并惹恼邮递员。“邮递员会把所有地址不详的邮件都扔到我的办公室，”杨先生说，“这样做一般是正确的。”

杨先生刚刚赢得控制权的一个公司，是鸟类研究基金有限公司。经过艰苦斗争，杨先生终于从另外两个人手里夺回了全部所有权。这本是一家由杨先生与两位女士共同创立的公司，

① 熊育群著:《守护苍生:记战“疫”中的钟南山》,《光明日报》,2020年3月1日。

那两位女士都是鸟类爱好者，正好在该公司致力于笼养鸟的保护。

“我们基金会是一个非营利公司，主要致力于传播有关家养宠物鸟的照顾、喂养、保护方面的信息，街上的鸟我们不管，它们由奥杜邦学会负责，还有……”杨先生讲道。杨先生早年毕业于哈佛大学，现在50岁，拥有很长的管理非营利机构的历史。

杨先生的许多公司寿命都很短暂。每放弃一项事业而开始另一项事业时，他就变更一下公司的名称。每次变更只需花十美元，请人更换一下公司铭牌。现在办公室门上的公司铭牌中有一打不是唱片公司，就是音乐公司，还有一家贺卡机构，剩下的一家就是鸟类保护基金了。

“我不知道你会怎么称呼我，”杨先生说，“我从哈佛拿了个法学学位，但从未执业过。我是个学士，曾是ΦBK协会（编者注：“美国大学优等生荣誉学会”的简称）的会员，并以拉丁文学位极优荣誉毕业。我制作出版过音乐，但一直喜欢鸟类。就我本人而言，我就是一只自由的小鸟。我最大的不忿是，每次播放歌曲时词曲创作者得不到任何报酬；词曲创作者就像小鸟一样，他们所得到的只是一点施舍和面包屑。”

——盖伊·特立斯：《被仰望与被遗忘的》[①]

3.地理背景

理查德·劳埃德·帕里在其所著《巨浪下的小学》一书中，讲述了2011年日本“3·11人地震”发生时宫城县石卷市人川小学

① 盖伊·特立斯著，范晓彬、姜伊敏译：《被仰望与被遗忘的》，上海人民出版社2017年版，第49—50页。

遭遇不幸的故事。帕里通过翔实的细节描写，让读者“亲眼目睹”了这场大地震对当地原有地形地貌所带来的巨大改变。

以往，从入釜谷步行过来只需要20分钟，可是这次仁美花了一个多小时才克服洪水和各种残骸的阻碍，沿着山脚下的路小心翼翼走到学校。沿路可见各种房屋的残骸——那些房子被海啸掀起后又重重跌落在地——倒扣在地上的支离破碎的轿车和货车，以及微不足道的家庭用品：鞋、湿淋淋的衣服、炒菜锅、茶壶和勺子。大片断裂的松树横七竖八地倒在地上，场面之混乱难以用语言形容。松脂的气味与黑色淤泥的腐败臭味混合在一起，给所有没有浸泡在水里的东西染了一层味。曾经矗立在这里的房子，全部被彻底冲走，一点残渣都不剩。

仁美终于艰难跋涉到新北上大桥旁内陆道路与河畔高速公路的连接处。这座大桥最北面1/3长度的桥面——跨度约200码——已经垮塌，消失在滔滔河水中，只剩下混凝土桩立在水中。公路从这里开始向釜谷蜿蜒而去，那是一个典型的日本村庄，低矮的混凝土建筑和屋顶上铺着瓦片的传统木屋混杂在一起。就在两天前，除了大川小学的屋顶，所有一切都还在这些建筑和周围种植的樱花树的掩映之下。

即使是今天，仁美第一个看见的也是学校，或者说是学校的轮廓。它被一堆棱角分明、相互联结的东西包裹着，那堆东西大小不一——树干、房子的托梁、船、床、自行车、棚屋和冰箱。一辆扭曲的轿车从楼上一间教室的窗户伸出一截来。远处100码的地方，一座单体混凝土建筑——村里的诊所——仍然立在那儿，这段路半中间的位置还竖着一座细钢条搭建的信号塔。可是，主街上的房子、通往主街的巷道及其两旁的住宅和商店，都已不复存在。

——理查德·劳埃德·帕里：《巨浪下的小学》①

镇江有条有名的街叫大西路，特别繁华，柏油马路两旁都是梧桐树，虽然在抗日战争中被日本鬼子烧毁不少，但战后仍然车水马龙。国民党江苏省政府在省府路，政府工作人员和家属大多住在政府大院的对面。家属院有两栋楼，我们一大家子住前栋一楼第一家，王懋功胞妹和我们紧邻，住第二家，保安队大队长、军需处长也在一起。这些人好多都是王懋功的乡亲，都是日本侵华时跑到铁路西投奔王懋功的。

——高彩云、赵丽君、杨扬：《这辈子》②

管谟业的故乡——高密东北乡是一个什么样的所在？莫言作品和讲话中反复提到的“东北乡”是过去年代的称呼，现在叫高密疏港物流园区。此地位于昌潍大平原与胶东半岛交接处，地势低洼，河道密集，夏季时常常水涝成灾，曾经广种高秆作物，比如高粱。高粱成熟的季节，这是一片火红。

——卫毅：《莫言的国》③

郭文标长大的地方叫小沙头村。小沙头村在石塘镇的最南面，靠山面海，交通不算便利，房子都造到了东海边。

小时候，郭文标全家住在海边半山腰的房子里。一次台风天，台风稍小时，他和父亲去看。狂风裹挟着海水，涌起三层

① 理查德·劳埃德·帕里著，尹楠译：《巨浪下的小学》，文汇出版社2019年版，第38页。

② 高彩云、赵丽君、杨扬著：《这辈子》，四川文艺出版社2020年版，第82—83页。

③ 卫毅著：《莫言的国》，《南方人物周刊》，2012年第36期。

楼高的水墙，海面上几位渔民驾着一艘小船往海港的方向逃，可那天刮北风，船逆风而行。

最后渔船消失了。只能看见海面上漂浮着七八个白点，是渔民戴的白色安全帽。

——梁和灿：《海边捞尸人：救了1240条人命，挨骂36年》①

4.科学背景

向普通读者介绍科学知识时，写作者应概述研究，简化结果，尽量选择公众都能够理解的词汇来进行准确化和通俗化的表述。

在非虚构写作中，科学背景的细节不能没有，但不必过多。

芯片是一个既熟悉又生疏的话题。我们每个人都听说过芯片，而且每天都要跟芯片打交道。特别是最近，除了科研院所，政府机关，资本市场在认真对待以外，在商店里，火车上，猪肉店，水泥厂也有人在讨论芯片，有的还打算去创业造芯片。然而，绝大多数人都没有真正见过芯片长什么样，更不用说了解它们的工作原理并区分不同的芯片了。

大约在60多年前，人们就开始在硅片上进行芯片加工了。当时的芯片非常简单，有的只有一个晶体管，但是已经展现出在尺寸、能耗和价格方面超越电子管的巨大优势。那个时代叫晶体管时代。

然后到了大家熟悉的集成电路时代，经过光电子时代，又到了现在这个大家生疏的硅基光电子时代。这些不同的时代实际上是借助了半导体芯片的发展而实现更迭的。

① 梁和灿著:《海边捞尸人:救了1240条人命,挨骂36年》,人间theLivings,https://www.douban.com/note/701526257/.

正如人体心脏的主要功能是推动血液流动，向其他器官、组织提供充足的血流量，以维持它们正常的代谢和功能一样，在今天的信息社会里，半导体芯片担负着处理信息，并且向各行各业各个角落传递信息的功能。芯片功能的强弱决定了信息社会的强弱。缺乏核心芯片引起的“芯”痛则可能导致信息社会停滞，甚至消亡。

——周治平：《我们为何会“芯”痛？一文详解芯片基本概念》①

确定性在丧失。

他们也许是对的。就连彼得菲本人，也认为算法交易玩过头了，他发明的算法已经接管华尔街，他却越来越犹豫。他眼中的证券市场正在变成古罗马竞技场，算法是其中的角斗士。“我以前只看到好的一面。”他说。

如今市场越来越追求高频、光速的交易，单位以毫秒计，这给流氓算法留下舞台。彼得菲开始反思，买卖报价哪怕停留一秒，也能消除导致股价大幅涨落的弄虚作假和阴谋诡计。

2010年前后，英菲尼迪资本管理公司接连两次发生算法失控，导致市场暴跌甚至瘫痪。

2012年，当时美国最大的高频做市商骑士资本，误把测试软件提前部署于实战，结果在45分钟内疯狂执行了400万次交易指令，造成市场损失10多亿美元，骑士资本更是几近破产，最终被收购。

即使在算法交易起步较晚的中国，也开始暗礁频现。2013

① 周治平著:《我们为何会“芯”痛？一文详解芯片基本概念》,知识分子,http://zhishi-fenzi.com/column/newsview/10691.

年光大证券的自动交易系统因技术缺陷，2秒内生成超过2万笔委托单，其中成交72.7亿人民币。光大证券最终损失近2亿元。甚至中国2015年股灾，也被认为有“高频交易”的身影。

“高频交易”是借助更强大的计算机和更复杂的算法，在百分或千分之一秒之内自动完成大量买卖的交易方式。在一系列“技术故障或失控”导致巨额市场损失的案例后，“高频交易”被质疑为“技术黑天鹅”的催化剂之一。

“我们无法估量由算法全权掌控市场会带来什么影响，而这也正是交易市场的现状。”宾夕法尼亚大学教授迈克尔·卡恩斯，研究过由机器控制的新市场后说。为解决市场不确定性而生的算法，最终带来更巨大的不确定性，是目前算法交易不得不面对的悖论和怪圈。

——叶伟民：《谁是新的“华尔街之狼”：算法密码》[①]

① 叶伟民著：《谁是新的“华尔街之狼”：算法密码》，知乎，https://zhuanlan.zhihu.com/p/27056793.

## 第八讲

# 非虚构写作的发展趋势

> 一方面我们对这个世界所知太多，但另一方面实际我们又对这个世界所知甚少，乃至一无所知，在这种情况下，我们有一种渴求，我们渴求知道在这个海量信息就要淹没我们的世界上，什么是真的？什么是假的？同时我们也希望我们对世界的理解，不仅仅是片段的，零散的，而是深入的，具体的。
>
> ——刘震云①

当前，媒介环境正在发生着深刻变化，在“百年未有之大变局”的时代背景下，非虚构写作也迎来了崭新的发展空间。依托新媒介技术的支撑，非虚构写作在写作者、发布平台、叙事内容、叙事手段、叙事风格以及运作逻辑等诸多方面都呈现出不同于以往的、新的传播学特征。不过，无论媒介环境如何变化，“讲好故事”始终都是非虚构写作永恒的主题，因为“好故事”永远都不缺乏读者，也永远都不缺乏市场。

① 转引自林旭娜、吴敏、黄金玉等著:《用文化力量安抚疲惫心灵》,《南方日报》,2013年8月18日。

## 一、全民作者

随着改革开放的不断深入和社会主义市场经济的快速发展，我国的社会阶层也在发生着深刻变动，并由此带来利益主体的多元化，原有的观念体系也随之发生急剧变革。

在这一背景下，非虚构写作如果仍然只依靠传统的作家、记者撰稿，就很难呈现出观念的多样性以及随之而来的价值观的碰撞与冲突，也很难满足不同年龄、不同群体和不同层次读者的阅读需求。与此同时，在众多互联网非虚构写作平台的鼓励下，非虚构写作已越来越趋向平民化，写作者立足于自身不同的生存景观，向公众展现出各自的生存状况与生活态度。

非虚构写作正从以往由作家和记者撰稿为主，转变为作家、记者与优秀写作者共同撰稿相结合，这是当前写作者身份变化最主要的一个特点。其中，由人民文学杂志社发起和组织实施的“人民大地·行动者”非虚构写作计划，就是比较典型的代表之一。

> “人民大地·行动者”非虚构写作计划的宗旨是：以“吾土吾民”的情怀，以各种非虚构的体裁和方式，深度表现社会生活的各个领域和层面，表现中国人在此时代丰富多样的经验。
>
> “行动者”非虚构写作计划，要求作者对真实的忠诚，要求作品具有较高的文学品质。
>
> “行动者”非虚构写作计划，特别注重作者的“行动”和“在场”，鼓励对特定现象、事件的深入考察和体验。
>
> …………
>
> “行动者”非虚构写作计划的征集对象，包括作家、学者、

记者，也包括对特定题材和特定领域具有深入经验、具有一定写作能力的普通写作者。

——《“人民大地·行动者”写作计划启事》①

荣获《华盛顿邮报》年度最佳非虚构作品的《谁在收藏中国》，讲述了一百年来中国文物流失海外的故事。

本书通过研究大量的个人书信、文件、历史记录以及主要人物的回忆录等，梳理出一部有关美国人为得到中国艺术珍品而长途跋涉的惊险故事，这些文物最终催生了中国古董市场在欧美国家的蓬勃发展，同时也激发了当代中国人依靠艺术品市场促使国宝回归的努力。

本书作者有两位，一位叫谢林·布里萨克，是美国艺术史学者、哥伦比亚广播公司纪录片制作人、美国《考古》杂志特约编辑；另一位叫卡尔·梅耶，是历史学家，执教于耶鲁大学和普林斯顿大学，曾写过14本与文物有关的书。

需要强调的是，本书既不是中国艺术史，也不是对它进行的批评分析。对那些未必多么富裕的收藏家痴迷中国艺术的原因，我们只是进行了推测。对于中国艺术，我们未用任何审美斧头进行加工修饰。与其相反，无论如何定义中国艺术，我们关注的对象是人，是那群像猫一样，被中国艺术弄得神魂颠倒的北美人和欧洲人。正如拿破仑喜欢幸运将军，我们更喜欢幸运的收藏家、博物馆研究员和古董商。他们使那个时代

①《“人民大地·行动者”写作计划启事》，人民文学杂志社的博客，http://blog.sina.com.cn/s/blog_665525250100m05k.html.

（1900—1949）的绝大多数年代成为丰收之年。

——卡尔·梅耶：《谁在收藏中国》①

## 二、全景记录

当前，非虚构写作正从以往偏重宏大叙事，转变为将观察视角延伸到社会生活的方方面面，其中既包括对重大事件的解析和对热点人物的访谈，也包括对世态百相和一些不太为公众所关注的特定人群的记录。

### （一）聚焦多元领域

非虚构写作的内容不再局限于新闻报道的范畴，有关国内外政治、经济、文化、社会、历史、地理和科学等不同领域议题的非虚构作品正变得越来越多。同时，关注普通人物和边缘人群，或是在日常生活故事中寻找具有代表性和象征性的事件进行深度叙述，从中映射出公众普遍关心的社会问题，并力图提供解决这些问题的途径和方法，正成为非虚构写作的一种发展趋势。

1.什么是“DNA检测技术”？

1999年，陪审团认定萨顿犯有严重的绑架和性侵犯，他被判处25年徒刑。“在我心里我始终认为约西亚（编者注：即萨顿）是无辜的，”巴蒂告诉我。“但我能做什么？”她写信给州长和国会议员，但没有人回应。她还写信给在纽约无罪项目Innocence Project的律师，但他们告诉这位母亲，通常情况下他

① 卡尔·梅耶著，张建新、张紫微译：《谁在收藏中国》，中信出版社2016年版，第22页。

们不会在DNA样本已经匹配的情况下翻案。

巴蒂不得不开始接受她的儿子永远不会被无罪释放的事实。但是，KHOU 11栏目部所制作的关于休斯敦犯罪实验室的系列调查鼓舞了她。在向电视台发送了一封电子邮件后不久，她收到了调查栏目组戴维·拉齐克（David Raziq）的电话。在他们制作节目的过程中，拉齐克和他的团队发现了类似的一些错误。譬如在一个案例中，由于DNA检测的错误，一个人被指控强奸他的继女。但律师们在定罪之前设法证明了DNA检测的错误。

巴蒂将其儿子的案件交给了拉齐克，拉齐克把相关材料送到了加州大学尔湾分校的教授威廉·汤普森（William Thompson）手中。几十年来，汤普森一直在研习法医学。20世纪80年代中期，汤普森从一个批判的角度开始论证关于DNA证据的论文，作为斯坦福大学的博士候选人，汤普森是一个不折不扣的DNA检测技术怀疑论者。“目前这个技术已被公众接受，认为是一个查找证据的撒手锏，认为其正确性不可撼动。”汤普森告诉我，“但我认为它并不是。”

——《如果人类未能发明DNA检测技术 那么沉冤何以昭雪》①

2. 为什么“总是饺子”？

吃饺子是我从小到大，家里最隆重的仪式。

我爸把吃饺子这个仪式发挥到了淋漓尽致——不见饺子不算过节，不见饺子不算迎贵客，不见饺子就不算过生日和过各种纪念日……他可以在短期内做遍各种馅料后再自创，煮出一

①《如果人类未能发明DNA检测技术 那么沉冤何以昭雪》，网易科技报道，http://tech.163.com/16/1206/09/C7JHV80T00097U81.html.

堆令人匪夷所思的饺子。

曾听过这么一个说法，“爱你的人，总关心你吃什么”。我深以为然，因为我爸就是这样。

每次来机场接我，见面他第一句话总是，“你要吃什么啊？做给你吃”。

我总是摆出一副好养活的样子说：“什么都好。”心里却想，“反正不管我要吃什么，你都要包饺子。”

偶然点了几次菜，不管我说吃什么，我爸都会补一句，“再包点饺子”。

然后我们爷俩就在一片祥和的气氛里讨论吃什么馅儿，延展到各种乱七八糟的话题，有时话不投机，各自生气，暂停一会儿，找话题从头来过。

从齐齐哈尔到我家所在的小城，有143公里，我爸会给家人打电话，嘱咐煮饺子，及家，热腾腾的饺子正好出了锅。

有次在家休假，我妈微信跟我说：“你明天晚上别再跟别人吃饭。”

“为啥？”

“你爸跟我说了好几遍，有一个地方羊肉串好吃，一定要带你去。”

“行，这几天都在家里吃。”

我知道我爸是特别不爱出去吃饭的人。他实在是抓不到我的人影了，就想拿羊肉串来引我见一面。

在我爸眼里，我还是一个贪吃不能自己的小孩子。

…………

离家前的最后一顿饭，也有饺子。每次我出远门，我爸都不像我妈那么勇敢，可以送到机场不能送为止。他更愿意接我，在第一时间看到我。

临分别，我走到了楼梯口，又跑回去，我爸还站在走廊上亦步亦趋，我上前抱住他说，“爸爸，我爱你。”

——王二美：《总是饺子》[①]

## （二）关注普通群体

越来越多的非虚构写作者将普通群体纳入写作视野，读者在看到普通人物喜怒哀乐的同时，也能够产生情感共鸣，从而使作品起到一种情感抚慰的“减压阀”功能。

需要注意的是，目前一些非虚构写作的选题显得过于琐碎和单一，因为过多地涉猎底层群体和边缘人物的生活，而存在着脱离社会现实关照的倾向，这一点应该引起非虚构写作者的警惕。

在《冰点》创刊前的讨论中，我们的确感到社会的某种失衡，即占人群绝大多数的普通百姓在主流媒介上没有占应有的重要地位。在社会转型的剧烈变革中，他们的生存状态如何，有什么想法和要求；由他们体现和传承的民族的真善美，在一片市场之声中命运如何；坚忍、奉献、同情心、维护公正等等人类美德是否还被人们珍视——总而言之，我们应当用自己的报道来加以检验，并试图给我们能观察到的社会不平衡以某种矫正。

——李大同[②]

① 王二美著：《总是饺子》，人间 the Livings，https://www.163.com/renjian/article/CEKK5R8H000181RV.html.

② 李大同著：《冰点’98——寻回心灵深处的感动》，中国林业出版社 1998 年版，第 499 页。

梁和灿的《海边捞尸人：救了1240条人命，挨骂36年》一文，聚焦“捞尸人”这一鲜为人知的特殊群体。作品讲述一位名叫郭文标的“水鬼”，义务捞尸救人36年，却得到了“不吉利”“捞尸赚钱”等骂名的故事。

有一个英雄丈夫，对妻子庄文华来说，个中辛酸只有她自己知道。“麦莎”台风来袭那次，庄文华瘫坐在被巨浪冲击着的码头，抱着丈夫的衣服痛哭。

她一向不赞成郭文标不顾性命地救人。除了担心丈夫的安危，还因他无暇顾及家里，只能由自己照顾老人和孩子。早些年，郭文标的父亲因救人，在海上被困了一天一夜，被救上来时，脑筋就不太清楚了，连家里的地址都不太记得。

郭文标父亲晚年得了食道癌，发现时已是晚期。老人病重弥留之际，郭文标接到求救电话，一艘渔船搁浅在家附近的草鞋礁。庄文华不让他去，她每天照顾老人，心里有不好的预感。郭文标觉得，离得近，个把小时就能来回，不会有问题。父亲只最后嘱咐了一句：仔细啊，小心啊。

庄文华一人在家，郭父想下楼看看，庄文华只能请一位邻居帮忙扛老人下楼。老人下楼没一会儿就闭眼了，庄文华哭着喊：“再等等，再等等，文标就回来了……”

因为这，邻居在家门口跳着脚骂：“没良心，老爸都死了还出去救人。”

——梁和灿：《海边捞尸人：救了1240条人命，挨骂36年》[①]

① 梁和灿著：《海边捞尸人：救了1240条人命，挨骂36年》，人间 the Livings，https://www.douban.com/note/701526257/.

钟穗慧《一百岁，我只晒得起太阳》一文讲述了老人刘芳的故事。刘芳幼年历经饥荒和战乱，颠沛流离的生活使她长期营养不良，并导致身材佝偻，只能依靠在路边摆摊卖沙包维持生计。老人没有什么跌宕离奇的故事，也没有什么大喜大悲的经历，但写作者却以平淡朴实的语言，真实勾画出一位生活在社会底层的老人的一生，同样引起读者强烈的阅读兴趣。

我认识她的时候，刘芳一直在路边摆摊。

因为年老，她的皮肤沉淀为褐红色，皱纹堆挤。说话的时候，半张着嘴巴，里面没有牙。

她穿着蓝色的棉布裤子，棕色的尼龙外套，戴着一顶泛着毛球的帽子。出来摆摊的时候，推着小车，上面放着装货的灰色布袋子。小车的轱辘是重新绑上的，轮子一大一小。刘芳人比小车高不了多少。她慢慢拉着小车走，身体被带得轻微地晃。

这一年的刘芳，已经九十七了。

她十几岁的时候就离开了家。

那年山东缺粮，村里残壁枯田，人眼看着就要饿死。刘芳的娘把心一横，拉扯着她奔到烟台，又挤上了北上的船。

渤海湾的浪里，刘芳晕了一路。下船后眯着眼睛一看，旅顺港口站着几个苏联军人。她以为自己又要命途未卜。母亲紧紧护着她，前脚带后脚，随着人潮走。

结果这一出来，就再也没回去过。

刚到异地的她们，赶上了粮食短缺，母亲带着她出门讨饭，走过坑坑洼洼的路，裤腿上溅满过泥点子。总算投奔到亲戚，种下点地勉强维生。

可食物虽勉强有了，营养却成了奢侈。刘芳的身高在那一时期不长反缩，脊椎因为负荷过重而长时间驮着，身体也变得很差，常常使不上力气。从此，她的身高就再没到过一米五。

——钟穗慧：《一百岁，我只晒得起太阳》[①]

## 三、全域平台

2010年后，在互联网新媒体冲击下，报纸、期刊等传统媒体渐露式微之势，非虚构写作平台大为减少，作品产出日益困难，这直接导致一批以写作特稿见长的优秀媒体人相继离职或进行平台转移。

与此同时，随着读者阅读方式的改变，许多门户网站、新媒体机构以及一些新型文化企业看准风口，纷纷投资自建非虚构写作平台。这些平台凭借雄厚的资本，聚拢了一大批优秀的非虚构写作者，逐渐成为当前非虚构写作的主要聚集地。

截至2020年底，较为知名的互联网非虚构写作平台有：

### （一）谷雨实验室

这是一个致力于“支持中国非虚构作品创作与传播”的非营利性平台，由腾讯网联合腾讯公益慈善基金会、陈一丹基金会共同发起，在内容上力求“耕耘中国故事”，在体裁上以非虚构写作为主。

谷雨实验室期望通过该项目来纪录和观察中国当下的变化，以及这种变化对世界和对中国未来的影响；通过举荐、发现具有典范意义的作者和作品，资助非虚构写作、独立纪录片、纪实摄

① 钟穗慧著：《一百岁，我只晒得起太阳》，人间 theLivings，http://news.163.com/16/0415/13/BKMRA4T8000153N3.html.

影及深度报道；通过对非虚构创作领域重要行业动态、前沿趋势以及创作方法论的报道，探讨、研究并建立非虚构作品的规范和标准，探索艺术表达的新方式，并建立起业界和学术界交流、研讨的平台。

### （二）真实故事计划

这是一个由雷磊等知名青年媒体人共同打造的、致力于真实故事发现和价值实现的非虚构写作平台。

“真实故事计划”于2016年7月上线后，一年之后，粉丝量就达到了100万。2017年，该平台完成了1200万元的A轮融资。截至2019年8月，“真实故事计划”微信公众号的关注量已达174万，活跃粉丝约为100万。

> 我一直觉得，非虚构它是一个什么呢？我觉得它是可以出作家的，更还是适用于大众写作的一种题材，我经常有一种感觉，就是中国人都想说点什么，但是又写不成一个完整的作品，因为他们不懂得怎么表达，但又充满了表达的热情，这是我们最初做真实故事计划的核心源头之一。我们要实现非虚构的价值，不仅是服务于特稿写作者，还要服务普通大众……
>
> ——雷磊[①]

### （三）真实故事在线

“真实故事在线”隶属于传统媒体《知音》杂志社，是由《知音》编辑部着力打造的一个国内大型真实故事讲述平台。

---

① 转引自周秭沫、刘蒙之著：《“真实故事计划”创始人雷磊：非虚构的价值更在于普通大众》，澎湃新闻，https://www.thepaper.cn/newsDetail_forward_2420123.

“真实故事在线”的宗旨是：号召全民写作，邀请每个人都拿起笔，记录自己的亲身经历，记录体现社会百态的真实故事，记录亲历者灵魂深处的声响。该平台向创作者承诺，将利用《知音》杂志的强大资源，实现创作者故事的出版以及向短视频、网剧、电影等方向的转化。

### （四）人间the Livings

“人间 the Livings”是网易推出的一个原创非虚构写作平台，致力于依托互联网尽可能丰富地展现非虚构写作的魅力。

“人间 the Livings”的目的是要搭建中文世界里最好的非虚构内容聚合平台，其对题材的唯一限定就是“非虚构”。该平台明确表示将放弃记者自采型模式，信奉每一个人都可以成为生活的记录者。

> 一方面，“人间”偏爱生活中一切鲜活的素材，无论是精彩故事的讲述，还是对人、对生活场景、对社会生态、对某些有意味瞬间的描摹，都是“人间”渴求的。它可以来自名流，来自职业写作者，也完全可以来自贩夫走卒，升斗小民。
>
> 另一方面，“人间”也欢迎宏大的写作计划，假如您想完成一部重磅叙事，像《冷血》那样，或是围绕某一主题的作品，比如《打工女孩》，“人间”都愿意参与其中，提供尽可能大的支持，甚至乐于协助您组建项目团队（写作工作室）。这个平台也会支付具有足够竞争力的稿酬。
>
> ——《500 元—1000 元/千字 公众号“人间 the Livings”约稿：每个人都可以成为生活的记录者》①

①《500元—1000元/千字 公众号“人间 the Livings”约稿：每个人都可以成为生活的记录者》，文学投稿小助手，https://www.sohu.com/a/219462267_216802.

> 在目前可以看到的非虚构作品里，作家们调动的人类学、考古学、神话学、自然地理学、人文地理学、民族学、民俗学、语言学、影像学等等学科逐渐进入文学域界，考据、思辨、跨文体、微观史论甚至大量注释等开始成为非虚构写作的方法，这样的努力日益清晰地、形象地复原了真实历史的原貌。
>
> ——祝勇①

## 四、全新叙事

移动互联网给人们习以为常的阅读方式带来了巨大冲击，碎片化、浅层化已成为目前人们进行阅读的主要表征。在此背景下，非虚构写作的全新叙事不仅成为必然，而且因为有了新媒体技术加持，也有了实现的可能性。

### （一）多学科介入

多学科和多种研究方法的深度介入，大大拓宽了非虚构写作的空间和视野，这成为当下非虚构写作的一种潮流和趋势。

19世纪末，仍然有很多人不相信分子与原子的存在。路德维希相信它们存在，并为了他的信仰加入了争论，他对那些怀疑原子存在的人的抨击堪称传奇。“我们这一代人在心底里都支持他。”多年以后，一位当时尚年轻的量子力学知名人士这

① 转引自鲁大智著:《祝勇历史非虚构写作收获新成果》,《中华读书报》,2014年11月5日。

样评论道。还有一次在维也纳的会议上，一位知名物理学家反驳他，断言科学唯物主义已死，因为物质规律不遵从时间的方向性。即便是物理学家也难免会胡说八道。

注视着太阳缓缓落下，哥白尼看到了世界在旋转。凝视一杯水，玻尔兹曼看到原子与分子在剧烈地运动。

我们看着杯中的水，就像宇航员从月亮上看着地球：宁静，闪闪发光，湛蓝。在月球上，无法看到地球上生机勃勃的生命，无法看到植物与动物，无法看到欲望与绝望，只能看到一个蓝色的球体。在一杯水的表面之下，也有着类似的勃勃生机，由无数分子的运动构成——远比地球上的生物更多。

——卡洛·罗韦利：《时间的秩序》①

### （二）多手段介入

当前非虚构写作已由过去单纯的文字形式转变为文字、音频和影像的互动融合，具体形式包括报道、随笔、影像集和纪录片等。

2012年12月20日，《纽约时报》在其官网发布多媒体非虚构作品《雪崩：特纳尔溪事故》（*Snow Fall: The Avalanche at Tunnel Creek*），该作品被评价为“传统媒体向融合媒体转型的最佳范例”。

该作品报道了16名滑雪爱好者遭遇雪崩的经过。它用三维动画模拟再现了雪崩发生时的情景，用文字和图片形式的历史资料衬托现实，用文字、显微图片和三维动画详解雪崩的成因，同时配合电影的表现手法，逼真、细致、多角度地报道了雪崩灾难。

① 卡洛·罗韦利著，杨光译：《时间的秩序》，湖南科学技术出版社2019年版，第26页。

普利策奖评委会不能够改变互联网的发展方向。我们能做的，是继续奖励那些有价值的、高标准的新闻报道——无论是纸媒报道、网络报道，还是同时涉及这两方面的报道。

——迈克·普莱德[①]

《雪崩》的页面设计充分发挥了传统媒体强大的采编力量和策划能力，同时又具有丰富的网络多媒体组合以及良好的互动性等特点。该作品被视为在全球数字化浪潮下传统媒体进行变革的有益尝试，并成为融合新闻的标杆之作。

《雪崩》在《纽约时报》官网发布后好评不断，几天时间就收获了350万的点击量和290万次的访问量，其中有近三分之一的人是首次访问纽约时报网站。该作品获得2013年普利策特稿写作奖，成为非虚构写作多媒体呈现的成功探索和榜样实例。

"选车网"于2013年12月26日推出"通用为何丢掉世界销量冠军宝座"的专题，作者采访了清华、北大教授和资深媒体人，分别从营销、公关、品牌、文化等不同层面和不同角度，对通用汽车丢失全球销量冠军的原因进行了深入探讨，并对通用汽车未来的发展走向进行了预判。

该作品在传播形式上进行了大胆创新，文章既能通过PC阅读，也可通过手机、iPad观看；专家视频每段不超过5分钟；文章虽然很长，但却是由一个个可独立成章的短文组成，读者可以很方便地拾起任何一个"碎片"进行阅读；在数据处理方面，作品

① 转引自崔莹著：《普利策奖评委会主席：调查报道未死，但黄金时代已逝》，腾讯文化，https://cul.qq.com/a/20160418/027577.htm.

摒弃了干巴巴的数据表格，采用了可视化数据，既易于读取，也有很强的亲和力。

近年来，许多互联网自媒体平台开始尝试拓展非虚构写作的视野，力图多维度地提供更加新鲜真实和更具时代烙印的故事。

2016年3月，“时尚先生Esquire实验室”与“腾讯新闻”联合发起进行“黑镜实验”，即自愿参与实验者屏蔽包括手机在内的一切电子屏幕，脱离互联网，并将自己的生活在腾讯网7×24小时向公众直播，最终形成《黑镜实验7×24小时断网直播报告》。

首期实验者是编剧、策划人史航，他描述自己是一位“恨不得把手机植入身体”的重度网络依赖症患者。史航要在自己位于北京的家里，与他的11只猫一起完成实验。实验者在直播中要接受网民监督，每天宣布当日目标，并努力加以实现。实验者还要记录个人感受，并在“树洞时间”公开讲述自己的心声。在现代人已经越来越重度依赖手机和其他电子设备的时代，在自愿的前提下，该实验将探寻人能否“脱瘾”成功，以及脱离“黑镜”控制的生活究竟如何。

## 五、全新风格

非虚构写作者长期关注的焦点，是如何才能把故事讲好，而如今他们更要思考的则是：不仅要把故事讲好，还要赋予故事完美且富有个人风格的呈现方式。

互联网的兴起一度让新闻写作的价值受到严峻挑战，由于传统媒体日渐式微，许多媒体机构出于成本考虑而裁撤了“特稿部”或类似的深度报道部门。然而随着自媒体平台的不断涌现，长期以来非虚构写作者稿件发表渠道稀缺有限的状况，却又得到了极大改观，许多非虚构作品依托互联网平台得到了更好的呈现。

与此同时，非虚构作品的受众也由以往的精英人士转变为数量庞大的社会群体。从互联网平台的非虚构写作实践来看，尽管一些碎片化和庸俗化的文字仍能在一定时间吸引到一定数量的人群，但从长远来看，只有那些讲述震撼人心的好故事，并且能够把这些好故事讲述好的非虚构作品，才真正具有持久的生命力，也才能真正留住读者。

因此，非虚构写作者需要不断加强自己的采写能力，特别是要着重训练自己组织故事结构和驾驭语言文字的能力，同时要尝试探索更加鲜明的创作风格和更加多样化的写作技巧，以努力成就独一无二的优秀的非虚构作品，并为作品打上鲜明、独特的个人烙印。

陈徒手多年以来一直致力于搜集和整理各类历史档案，在潜心研究这些资料后，他发表了许多有关当代知识分子群体的非虚构作品。其写作风格自成一派，比如在作品中展示大量珍贵的第一手档案资料，但却基本上不对这些资料做过多的发挥和阐释。

一九五九年一月八日是沈从文五十八岁的生日，这一天他在故宫陪伴三十多个年轻美术学生看了一天绸缎和陶瓷，非常疲累，回家后独自一人听贝多芬第九交响乐，觉得声音那么欢乐而清静。在音乐声中，他给云六大哥写信，信中说："我总深信只要工作对国家整个向前有益，也就够了。个人吃点亏或生活寂寞些，都无妨。"他此时最大的感叹是，"没有一个真正知道我在为什么努力的人。”

——陈徒手：《午门城下的沈从文》[①]

## （一）写作理念上的创新

非虚构写作者在选题、行文、形式和写法等诸多方面，都在不断地进行创新和突破。

美国驻华记者何伟（彼得·海斯勒）的“中国三部曲”——《江城》（2001年）、《甲骨文》（2005年）和《寻路中国》（2009年），多年来一直稳居国内各大畅销书排行榜前列，在读者中的热度始终不减。

“中国三部曲”之所以受到热捧，很大原因就在于何伟已经形成了自己鲜明的写作风格。何伟说：“我察觉到中国人对于自己的社会产生了一种新的好奇感。我认为那反映了一个新的发展阶段——二十多年的经济快速发展，受教育的人数增加了很多很多。经历了这一切之后，他们更渴望对自己国家的现状和未来进行一番评价。……当然，互联网起到了一定的作用，但他们跟外国人之间的个人接触也多了很多。最后，也是最重要的一点，他们有了一种新的信心。”然而，对于“读到的二十世纪九十年代晚期国外媒体刊载的中国报道和故事，我大都不太喜欢。我觉得它们对这个国家的理解很肤浅，对中国人的描写也非常干瘪，在那些故事中，一切都显得灰暗而忧伤”。[②]为此，他将其非虚构写作聚焦在所谓的“个人见闻实录”上，从而创造出一种全新的写作方式，

① 陈徒手著：《午门城下的沈从文》，载于刘蒙之、张焕敏著：《非虚构何以可能：中国优秀非虚构作家访谈录》，中国社会科学出版社2018年版，第73页。

② 何伟著：《彼得·海斯勒〈江城〉作者序（二）》，豆瓣，https://www.douban.com/group/topic/37777940/.

即抛弃掉通常的平面化情节叙事，将大量的时间线索和人物事件交错地呈现在文本中，强调书写“普通人自发构成的历史”，并由此打开主体性的历史空间，为长期局限于社会学及人类学调查报告和知识分子乡愁似的中国非虚构写作，提供了另一个反思的维度和方向。

北京，现代化的首都；安阳，古老的中华文明的摇篮。从北京到安阳这座城市，需要坐6个小时火车。我坐在窗户边上，有时不禁发起呆来，窗外的景色就像墙纸一般富有规律：一个农民，一片田野，一条路，一个村庄；一个农民，一片田野，一条路，一个村庄。这种千篇一律的景象也并非什么新鲜事。1981年，美国的历史学家戴维·凯特利搭乘火车前往安阳。随后，他写了一封信给家人：“这儿的土地基本上是平坦的，景色单调，村庄与村庄之间看不出什么两样……上等人的庄园，豪华的大厦，英格兰和法国式的漂亮房子，为何会无影无踪？究竟是什么因素，导致这个社会并没有像其他文明那样产生贵族阶层？”

从时间长河里再往前回溯，一切依旧：一个农民，一片田野，一条路，一个村庄。1930年，有个叫理查德·道森的外国人住在此地，他写道：“河南没有历史。”今天，这样的评论看起来显然是失当的，这片区域已经发掘了大量的商朝文物和墓碑。商朝创造了目前已知的东亚最早的书写文字，这些文字刻写在骨头和龟壳上——按照西方的说法，叫做甲骨文。如果历史可以被定义成书写的记录，那么河南的这片区域就是历史开始的地方。

——何伟：《甲骨文：游走在中国与西方之间》[①]

① 何伟著：《甲骨文：游走在中国与西方之间》，道客巴巴，http://www.doc88.com/p-431722337917.html.

### （二）写作风格上的创新

越来越多的非虚构写作者将新闻的真实、科学的严谨与文学的优美结合在一起进行叙事。

《与荒原同行》是一部以环保主义为主题的纪实作品，作者约翰·麦克菲是美国新闻界的知名学者，也是美国非虚构写作领域里一位大师级人物。这本书记录了他跟随美国“荒原保护代言人”戴维·布劳尔进行三次荒原之旅的故事，与他们同行的分别是查尔斯·弗雷泽（美国顶级地产开发商之一）、查尔斯·帕克（美国地质学家）和弗洛伊德·多米尼（美国垦务局局长）。作为环保主义者的布劳尔一直与三位倡导开发的同行者进行着激烈辩论：环境保护的实质，究竟是适度合理开发还是毫无变通的环境保存？在经济至上、人类至上的现世生存法则下，当危机与变革、环境与发展、争执与妥协交错缠绕时，所有的思考与辩驳都将回到最初的那个问题——我们，能否与荒原同行？

本书虽然具有较强的专业性，但作者极其优美的文字却让这些专业性的内容变得通俗易懂，特别是他对荒原风景的细腻描写，使读者深深地感受到了阅读的美感。

轻轻地，我不由自主地脱口而出：“上帝，看看这里。”

山谷中空气厚重宁静。比我们站的地面高出一公里半，直线距离十七公里开外，山谷的对面，冰川峰，就在眼前——近在咫尺，气势逼人。在我们目光的正前方，是一片大约有三百多平方公里的高原，巨大的山峰俯视着这片地域。这是它的领地，恰如瑞典伯尔尼的少女峰俯视着她的阿尔卑斯山脉。冰川峰原先是一对巨大的对称锥体，这依然是它的基本形态，不过无论在内还是在外，已经有了明显的缺陷。它曾经有过一次爆炸，一部分落在了现在的爱达荷州，其他碎片落在了俄勒冈。沉重的冰盖压垮了它。自身的冰川融流又把它的体表切割得沟壑纵横。但，它依然是它，剪影中，仍然是一座经典山峰。它那稍低一边的山肩称为失望峰，逶迤向上，与主峰在最高处合为一体。整个大山靠上面的三分之一是一片冰莹。冰雪世界的下面，墨绿的原始森林绵延而下，直抵苏雅特河缠绕曲折的河谷。由峰而下，直落两千四百米。在主峰四周，就像花瓣拱卫花蕊，令人不可思议的有九个巨大的冰川层层围绕——清凉川、弯刀川、扬尘川、巧克力川——每一个冰川，都有各自的融冰溪流，远看宛如一丝丝银线穿过密密的深林，最后汇入苏雅特河。在我们右边，山谷的近侧，是另一座山，普拉默山——只及主峰的胸高，在它的林线以上，裸露着无雪的岩壁，在阳光的反射下，一片锈红，冰川峰外，无尽山脉，奔涌前来，其间峰峦突兀，渐行渐远，直至融入极远处略显起伏的地平线。我们的眼光又被带回到冰川峰上。布劳尔以一种平淡的声调说："这在我们这一行被称为绝景。"

——约翰·麦克菲：《与荒原同行》[①]

## 六、全新逻辑

当前，非虚构写作正从以吸引读者阅读、树立媒体形象为主的"书写逻辑"，向以实现写作者个人价值和新闻生产流程价值这两者最大化的"商业逻辑"转变。

① 约翰·麦克菲著，岳韦译：《与荒原同行》，上海译文出版社2015年版，第18—19页。

在商业逻辑下，非虚构写作作品将在资本市场上一争高低，优胜劣汰，因此优质的内容和优质的内容生产者便成为一种核心资源，受到各方争夺。非虚构写作创作周期长、投入资金大等特性，也决定了它与资本市场的接轨不仅是必需的，而且也是必然的。目前，除了以资本市场为导向的互联网非虚构写作平台纷纷涌现外，另有一批非虚构写作的公益平台以及非营利性机构也通过企业赞助或“众筹”等方式，在助推着非虚构写作的发展。

非虚构写作的变现途径正日益得到拓宽。作为文化产品的非虚构作品，以往大多只能呈现在新闻媒体上，或是集结成册后由出版社出版发行，而如今许多新媒体平台纷纷对非虚构作品进行二次开发，通过音频、影视、漫画和系列图书等全媒体形式对作品价值进行深度发掘，以期获得最佳传播效果。更有一些优秀的非虚构作品被以较高的价钱卖出了IP（知识产权），实现了内容的直接变现，有的写作者还与影视公司签约，对相关影视作品进行开发，或是通过票房与资本市场接轨，从而获得丰厚的回报。

作为一个基于微信公众号的真实故事创作与分享平台，“真实故事计划”每天都向用户推送一篇真实的故事，故事来源包括约稿、投稿和记者采编等。该平台通过向写作者支付稿费而拿到独家版权代理，然后再与出版社和影视公司开展版权交易或进行联合开发。

2017年10月，“真实故事计划”获得1200万元天使投资，这使得平台在非虚构作品的IP开发上有了更大的发挥空间。该平台已与多家影视公司达成合作框架协议，并将就合适的故事版权展开合作。

2017年12月11日，“真实故事计划”启动了第一届非虚构写作大赛，奖金池总额高达100万元。主办方承诺：获奖作品均签约出版社合作出版，以打造畅销文学图书；其中一等奖作品将由影视公司签约改编成影视剧，并邀请作者参与编剧。此次获一等奖的《试错》是一部真实反映互联网创业的非虚构作品，作者枪泥长期游走在互联网行业，参赛时正担任某人工智能创业项目的创始人。《试错》以作者创业失败的经历为主线，全方位讲述了一个从拿到投资、看见希望，到步入瓶颈、平淡收局的互联网创业故事，每一个创业者似乎都能在该作品中找到自己的影子。

# 参考书目

1. 戴维·洛奇著，王峻岩等译：《小说的艺术》，作家出版社1998年版。

2. 威廉·E. 布隆代尔著，徐扬译：《〈华尔街日报〉是如何讲故事的》，华夏出版社2006年版。

3. 雪莉·艾利斯编，刁克利译校：《开始写吧！——虚构文学创作》，中国人民大学出版社2011年版。

4. 杰克·哈特著，叶青、曾轶峰译：《故事技巧：叙事性非虚构文学写作指南》，中国人民大学出版社2012年版。

5. 杨瑞春、张捷编：《南方周末特稿手册》，南方日报出版社2012年版。

6. 大卫·波德维尔、克里斯汀·汤普森著，曾伟祯译：《电影艺术：形式与风格》，北京联合出版公司2015年版。

7. 马克·克雷默、温迪·考尔编，王宇光等译：《哈佛非虚构写作课：怎样讲好一个故事》，中国文史出版社2015年版。

8. 赵瑜著：《真相调查：赵瑜非虚构写作论谈》，北岳文艺出版社2017年版。

9. 刘蒙之、张焕敏著：《非虚构何以可能：中国优秀非虚构作家访谈录I》，中国社会科学出版社2018年版。

10. 罗伯特·博因顿著，刘蒙之译：《新新新闻主义：美国顶尖非虚构作家写作技巧访谈录》，北京师范大学出版社2018年版。

# 后　记

近年来，我国非虚构写作从概念到实践再到蓬勃发展，呈现出一派欣欣向荣的景象。中国举世瞩目的社会变革，已成为众多非虚构写作者取之不竭的创作源泉。然而在新闻写作教学领域，尽管一些高校已开设“非虚构写作”或“创意写作”等课程，但因缺少以实用性为主、适合大学生使用的教材，教学效果难免打了折扣。

本人从事传统媒体新闻采编工作将近20年，对新闻写作领域的新变化和新挑战感触颇深。当前，在高校开设非虚构写作课程，除了有助于青年学子了解社会民生和现实生活、培养家国情怀外，对于尽快提升他们的新闻写作水平、进而成为全媒体时代合格的写作人才助益尤甚。有鉴于此，本人在进行课堂教学的基础上，编写了这本《非虚构写作简明教程》。教程编写过程中，参考了国内外许多学术专著和论文，并摘引了大量优秀非虚构写作书籍、报道和网络作品，在此对这些作者深表感谢。同时，教程编写还得到了安徽师范大学新闻与传播学院执行院长的杨柏岭教授、副院长马梅教授、新闻学专业主任肖叶飞教授以及安徽师范大学出版社王贤编辑等师友的鼓励、支持与帮助，在此一并表示感谢。

由于时间匆忙，水平有限，本书难免存在错讹之处，期待广大读者给予批评指正。

朱晓凯

2022年初于安徽师范大学